ལྷ་ས་པོ་ཏ་ལ།
拉薩布達拉宮

ལྷ་ས་འི་ཇོ་ཁང་གི་གསེར་གྱི་རྒྱ་ཕིབས།

拉薩大昭寺金頂

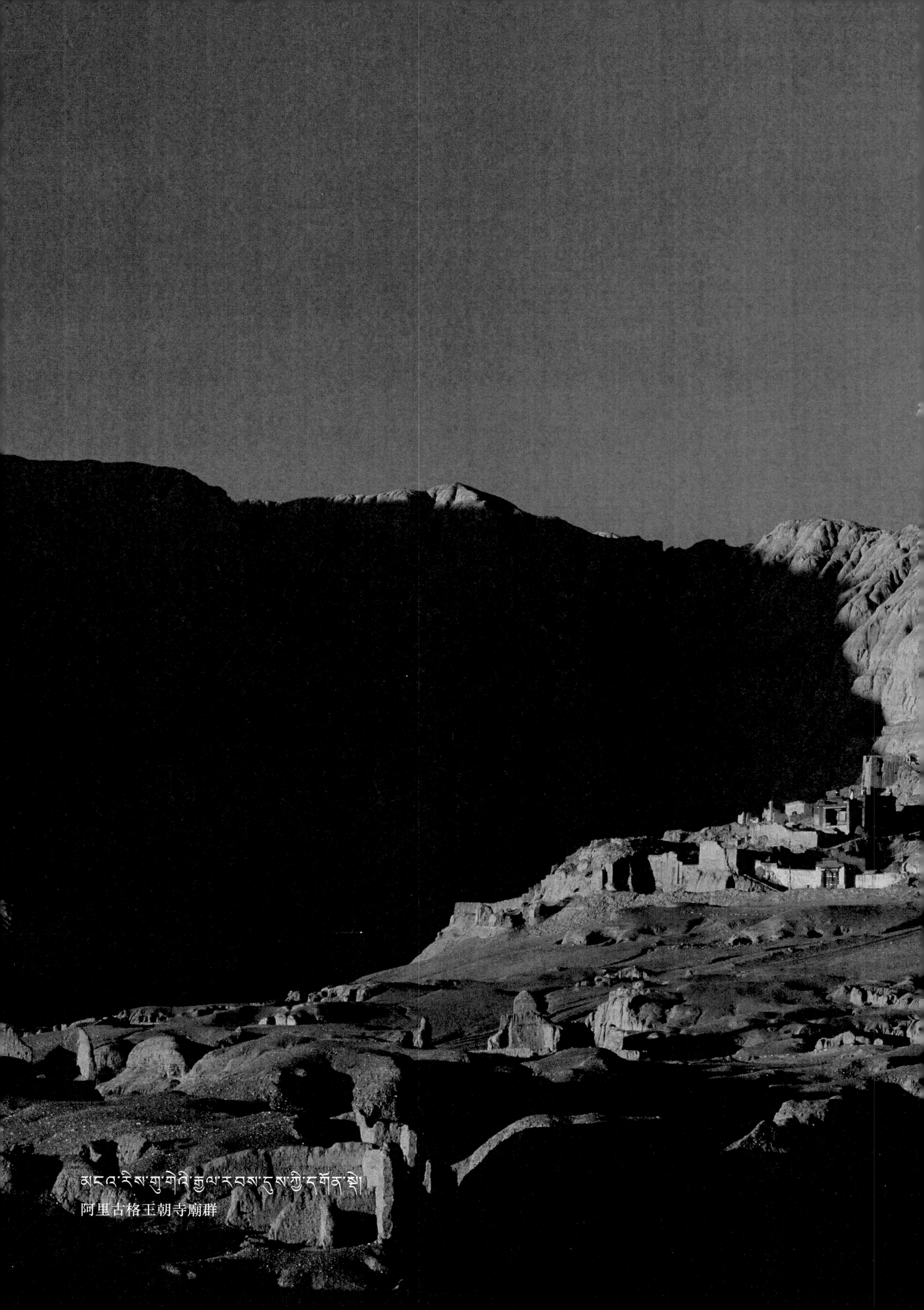

མངའ་རིས་གུ་གེའི་རྒྱལ་རབས་དུས་ཀྱི་དགོན་སྡེ།
阿里古格王朝寺廟群

国家出版基金项目
NATIONAL PUBLICATION FOUNDATION

# 甘肅藏敦煌藏文文獻

## ⑥

### 敦煌市博物館卷

Db.t.0908 — 1130

主　編

馬　德　勘措吉

編　纂

甘肅省文物局

敦煌研究院

上海古籍出版社

上海 2018

## 主　編

馬　德　勘措吉

## 副主編

盛岩海　萬瑪項傑　張海博　完麼才讓

## 編　輯

勘措吉　萬瑪項傑　葉旦才讓　扎西拉傑　隆英忠　完麼才讓　索南達傑
昂卻本　南拉才讓　斗本加　吳榮國　張海博　石明秀　馬　德

## 攝　影

盛岩海　蕭　巍　周生霞　瞿繼娟　黃立霞　陳文斌　朱　憲

## 責任編輯

府憲展　曾曉紅

༄༅། །གནའ་སྲུ་ས་ཁུལ་དུ་ཐར་བའི་ཆུན་ཏོང་བོད་ཡིག་ཡིག་རྙིང་།

⑥

ཆུན་ཏོང་གྲོང་ཁྱེར་ཆེན་རྫས་བཀྲམས་མཛོད་ཁང་གི་སྙིགས་བམ།
Db.t.0908 — 1130

གཙོ་སྒྲིག་པ།
སྨྲ་ཏེ། ཁམས་འཚོ་སྐྱིད།

སྒྲིག་སྦྱོར་སྡེ་ཁག
གནའ་སྲུ་ཞིང་ཆེན་རིག་དངོས་ཅུའུ།
ཆུན་ཏོང་ཞིབ་འཇུག་སྒྲིང་།

ཧྲང་ཧེ་དཔེ་རྙིང་དཔེ་སྐྲུན་ཁང་།
2018 ལོར་ཧྲང་ཧེ་ནས།

གཙོ་སྒྲིག་པ།
སྣ་ཏེ། ཁམས་འཚོ་སྒྲུད།

གཙོ་སྒྲིག་གཞོན་པ།
ཉིན་ཡན་ཏེ། གཡུ་རྟོག་པ་དགའ་དབང་རྒྱལ། གུང་ཉི་པའོ། པདྨ་ཚེ་རིང་།

ཚོམ་སྒྲིག་ཡོངས་མི།
ཁམས་འཚོ་སྒྲུད། གཡུ་རྟོག་པ་དགའ་དབང་རྒྱལ། མགར་ཚེ་ཡི་དམ་ཚེ་རིང་། བཀྲ་ཤིས་ལྷ་རྒྱལ།
ལྷུང་གཡུང་དྲུང་། པདྨ་ཚེ་རིང་། གཡུ་སྲས་བསོད་ནམས་དར་རྒྱས། དབང་མཆོག་འབུམ། ཕྱོང་ང་གནས་ལྷ་ཚེ་རིང་།
ཁ་སྣང་སྤྲག་འབུམ་རྒྱལ། བོའུ་རོང་གོའོ། གུང་ཉི་པའོ། ཇི་མེན་ཕྱུག་ སྣ་ཏེ།

པར་ལེན་པ།
ཉིན་ཡན་ཏེ། ཞོ་བེཿ། གུག་ཉིན་ན། རྒྱུ་ཅའི་ཚོན། རྟོང་ལའི་ན། ཁྲུན་ཕུན་ཡིན། ཀོའུ་ཞན།

ཚོམ་སྒྲིག་འགན་ཁུར་པ།
རྒྱུ་ཞན་ཀཿ བཙུན་ཁོ་ཧོང་།

# TIBETAN DOCUMENTS FROM DUNHUANG IN GANSU

## ⑥

Collected in Dunhuang Museum
Db.t.0908 — 1130

### CHIEF EDITORS

Ma De    Khamsvtshoskyid

### PARTICIPATING INSTITUTION

Cultural Heritage Bureau of Gansu Province

Dunhuang Academy

SHANGHAI CHINESE CLASSICS PUBLISHING HOUSE

Shanghai 2018

# 目　録

Db.t.0908 — 1130

# དཀར་ཆག

Db.t.0908 — 1130

敦博 Db.t.0908 (R-V)　ཤེས་རབ་ཀྱི་ཕ་རོལ་དུ་ཕྱིན་པ་སྟོང་ཕྲག་བརྒྱ་པ་དུམ་བུ་དང་པོ་བམ་པོ་བཅུ་དྲུག་གོ།།
十萬頌般若波羅蜜多經第一卷第十六品

敦博 Db.t.0909 (R-V)　ཤེས་རབ་ཀྱི་ཕ་རོལ་དུ་ཕྱིན་པ་སྟོང་ཕྲག་བརྒྱ་པ།

十萬頌般若波羅蜜多經

敦博 Db.t.0910 (R-V) ཤེས་རབ་ཀྱི་ཕ་རོལ་ཏུ་ཕྱིན་པ་སྟོང་ཕྲག་བརྒྱ་པ་དུམ་བུ་གསུམ་པ་བམ་པོ་སུམ་ཅུ་བདུན་དང་སུམ་ཅུ་
བརྒྱད་དོ།།

十萬頌般若波羅蜜多經第三卷第三十七、三十八品

敦博 Db.t.0911 (R-V)　ཤེས་རབ་ཀྱི་ཕ་རོལ་དུ་ཕྱིན་པ་སྟོང་ཕྲག་བརྒྱ་པ།

十萬頌般若波羅蜜多經

敦博 Db.t.0912 (R-V)    ཤེས་རབ་ཀྱི་ཕ་རོལ་ཏུ་ཕྱིན་པ་སྟོང་ཕྲག་བརྒྱ་པ།
十萬頌般若波羅蜜多經

敦博 Db.t.0913 (R-V)　ཤེས་རབ་ཀྱི་ཕ་རོལ་ཏུ་ཕྱིན་པ་སྟོང་ཕྲག་བརྒྱ་པ།

十萬頌般若波羅蜜多經

6

敦博 Db.t.0914 (R-V)    ཤེས་རབ་ཀྱི་ཕ་རོལ་ཏུ་ཕྱིན་པ་སྟོང་ཕྲག་བརྒྱ་པ་དུམ་བུ་གསུམ་པ་བམ་པོ་གསུམ་མོ།།
十萬頌般若波羅蜜多經第三卷第三品

敦博 Db.t.0915 (R-V) ཤེས་རབ་ཀྱི་ཕ་རོལ་དུ་ཕྱིན་པ་སྟོང་ཕྲག་བརྒྱ་པ།

十萬頌般若波羅蜜多經

敦博 Db.t.0916 (R-V)　ཤེས་རབ་ཀྱི་ཕ་རོལ་ཏུ་ཕྱིན་པ་སྟོང་ཕྲག་བརྒྱ་པ་དུམ་བུ་བཞི་པ་བམ་པོ་ལྔ་བཅུ་པའོ།།

十萬頌般若波羅蜜多經第四卷第五十品

敦博 Db.t.0917 (R-V) ཤེས་རབ་ཀྱི་ཕ་རོལ་དུ་ཕྱིན་པ་སྟོང་ཕྲག་བརྒྱ་པ།

十萬頌般若波羅蜜多經

敦博 Db.t.0918 (R-V) ཤེས་རབ་ཀྱི་ཕ་རོལ་ཏུ་ཕྱིན་པ་སྟོང་ཕྲག་བརྒྱ་པ།
十萬頌般若波羅蜜多經

敦博 Db.t.0919 (R-V)　ཤེས་རབ་ཀྱི་ཕ་རོལ་ཏུ་ཕྱིན་པ་སྟོང་ཕྲག་བརྒྱ་པ།

十萬頌般若波羅蜜多經

敦博 Db.t.0920 (R-V)　ཤེས་རབ་ཀྱི་ཕ་རོལ་ཏུ་ཕྱིན་པ་སྟོང་ཕྲག་བརྒྱ་པ་དུམ་བུ་བཞི་པ་བམ་པོ་ལྔ་བཅུ་གཉིས་སོ།།
十萬頌般若波羅蜜多經第四卷第五十二品

敦博 Db.t.0921 (R-V)　ཤེས་རབ་ཀྱི་ཕ་རོལ་ཏུ་ཕྱིན་པ་སྟོང་ཕྲག་བརྒྱ་པ།
十萬頌般若波羅蜜多經

14

敦博 Db.t.0922 (R-V)　ཤེས་རབ་ཀྱི་ཕ་རོལ་དུ་ཕྱིན་པ་སྟོང་ཕྲག་བརྒྱ་པ།
十萬頌般若波羅蜜多經

敦博 Db.t.0923 (R-V) ཤེས་རབ་ཀྱི་ཕ་རོལ་ཏུ་ཕྱིན་པ་སྟོང་ཕྲག་བརྒྱ་པ་དུམ་བུ་གཉིས་པ་བམ་པོ་བདུན་ཅུ་གཉིས་སོ།།

十萬頌般若波羅蜜多經第二卷第七十二品

16

敦博 Db.t.0924 (R-V) ཤེས་རབ་ཀྱི་ཕ་རོལ་དུ་ཕྱིན་པ་སྟོང་ཕྲག་བརྒྱ་པ།
十萬頌般若波羅蜜多經

敦博 Db.t.0925 (R-V)　ཤེས་རབ་ཀྱི་ཕ་རོལ་དུ་ཕྱིན་པ་སྟོང་ཕྲག་བརྒྱ་པ།

十萬頌般若波羅蜜多經　　(2—1)

18

敦博 Db.t.0925 (R-V)　ཤེས་རབ་ཀྱི་ཕ་རོལ་དུ་ཕྱིན་པ་སྟོང་ཕྲག་བརྒྱ་པ།

十萬頌般若波羅蜜多經　　(2—2)

敦博 Db.t.0926 (R-V)　ཤེས་རབ་ཀྱི་ཕ་རོལ་དུ་ཕྱིན་པ་སྟོང་ཕྲག་བརྒྱ་པ།
十萬頌般若波羅蜜多經

敦博 Db.t.0927 (R-V) ཤེས་རབ་ཀྱི་ཕ་རོལ་ཏུ་ཕྱིན་པ་སྟོང་ཕྲག་བརྒྱ་པ།
十萬頌般若波羅蜜多經

敦博 Db.t.0928 (R-V)　ཤེས་རབ་ཀྱི་ཕ་རོལ་དུ་ཕྱིན་པ་སྟོང་ཕྲག་བརྒྱ་པ།

十萬頌般若波羅蜜多經

敦博 Db.t.0929 (R-V)　ཤེས་རབ་ཀྱི་ཕ་རོལ་དུ་ཕྱིན་པ་སྟོང་ཕྲག་བརྒྱ་པ།
十萬頌般若波羅蜜多經

敦博 Db.t.0930 (R-V)　ཤེས་རབ་ཀྱི་ཕ་རོལ་ཏུ་ཕྱིན་པ་སྟོང་ཕྲག་བརྒྱ་པ།
十萬頌般若波羅蜜多經

敦博 Db.t.0931 (R-V)　ཤེས་རབ་ཀྱི་ཕ་རོལ་ཏུ་ཕྱིན་པ་སྟོང་ཕྲག་བརྒྱ་པ།

十萬頌般若波羅蜜多經

敦博 Db.t.0932 (R-V)　ཤེས་རབ་ཀྱི་ཕ་རོལ་དུ་ཕྱིན་པ་སྟོང་ཕྲག་བརྒྱ་པ།

十萬頌般若波羅蜜多經

敦博 Db.t.0933 (R-V)　ཤེས་རབ་ཀྱི་ཕ་རོལ་ཏུ་ཕྱིན་པ་སྟོང་ཕྲག་བརྒྱ་པ།
十萬頌般若波羅蜜多經

敦博 Db.t.0934 (R-V)    ཤེས་རབ་ཀྱི་ཕ་རོལ་ཏུ་ཕྱིན་པ་སྟོང་ཕྲག་བརྒྱ་པ།
十萬頌般若波羅蜜多經

敦博 Db.t.0935 (R-V) ཤེས་རབ་ཀྱི་ཕ་རོལ་དུ་ཕྱིན་པ་སྟོང་ཕྲག་བརྒྱ་པ།

十萬頌般若波羅蜜多經　　(2—1)

敦博 Db.t.0935 (R-V) ཤེས་རབ་ཀྱི་ཕ་རོལ་དུ་ཕྱིན་པ་སྟོང་ཕྲག་བརྒྱ་པ།
十萬頌般若波羅蜜多經　　(2—2)

敦博 Db.t.0936 (R-V)　ཤེས་རབ་ཀྱི་ཕ་རོལ་ཏུ་ཕྱིན་པ་སྟོང་ཕྲག་བརྒྱ་པ།
十萬頌般若波羅蜜多經

敦博 Db.t.0937 (R-V)　ཤེས་རབ་ཀྱི་ཕ་རོལ་ཏུ་ཕྱིན་པ་སྟོང་ཕྲག་བརྒྱ་པ།

十萬頌般若波羅蜜多經

32

敦博 Db.t.0938 (R-V)　　ཤེས་རབ་ཀྱི་ཕ་རོལ་དུ་ཕྱིན་པ་སྟོང་ཕྲག་བརྒྱ་པ།

十萬頌般若波羅蜜多經

敦博 Db.t.0939 (R-V)　ཤེས་རབ་ཀྱི་ཕ་རོལ་དུ་ཕྱིན་པ་སྟོང་ཕྲག་བརྒྱ་པ།

十萬頌般若波羅蜜多經

敦博 Db.t.0940 (R-V)　ཤེས་རབ་ཀྱི་ཕ་རོལ་ཏུ་ཕྱིན་པ་སྟོང་ཕྲག་བརྒྱ་པ།

十萬頌般若波羅蜜多經

敦博 Db.t.0941 (R-V)　ཤེས་རབ་ཀྱི་ཕ་རོལ་དུ་ཕྱིན་པ་སྟོང་ཕྲག་བརྒྱ་པ།

十萬頌般若波羅蜜多經

敦博 Db.t.0942 (R-V)　ཤེས་རབ་ཀྱི་ཕ་རོལ་དུ་ཕྱིན་པ་སྟོང་ཕྲག་བརྒྱ་པ་དུམ་བུ་གཉིས་པ་བམ་པོ་སུམ་ཅུ་བཞི་པོ།།

十萬頌般若波羅蜜多經第二卷第三十四品

敦博 Db.t.0943 (R-V)　ཤེས་རབ་ཀྱི་ཕ་རོལ་དུ་ཕྱིན་པ་སྟོང་ཕྲག་བརྒྱ་པ།

十萬頌般若波羅蜜多經

敦博 Db.t.0944 (R-V)  ཤེས་རབ་ཀྱི་ཕ་རོལ་ཏུ་ཕྱིན་པ་སྟོང་ཕྲག་བརྒྱ་པ།

十萬頌般若波羅蜜多經

敦博 Db.t.0945 (R-V)　ཤེས་རབ་ཀྱི་ཕ་རོལ་དུ་ཕྱིན་པ་སྟོང་ཕྲག་བརྒྱ་པ་དུམ་བུ་གཉིས་པ་བམ་པོ་བཞི་དོ།།

十萬頌般若波羅蜜多經第二卷第四品

40

敦博 Db.t.0946 (R-V)　ཤེས་རབ་ཀྱི་ཕ་རོལ་ཏུ་ཕྱིན་པ་སྟོང་ཕྲག་བརྒྱ་པ།
十萬頌般若波羅蜜多經

敦博 Db.t.0947 (R-V)　ཤེས་རབ་ཀྱི་ཕ་རོལ་ཏུ་ཕྱིན་པ་སྟོང་ཕྲག་བརྒྱ་པ།

十萬頌般若波羅蜜多經

42

敦博 Db.t.0948 (R-V)　ཤེས་རབ་ཀྱི་ཕ་རོལ་དུ་ཕྱིན་པ་སྟོང་ཕྲག་བརྒྱ་པ།
十萬頌般若波羅蜜多經　　(2—1)

敦博 Db.t.0948 (R-V)    ཤེས་རབ་ཀྱི་ཕ་རོལ་ཏུ་ཕྱིན་པ་སྟོང་ཕྲག་བརྒྱ་པ།

十萬頌般若波羅蜜多經    (2—2)

敦博 Db.t.0949 (R-V)　ཤེས་རབ་ཀྱི་ཕ་རོལ་དུ་ཕྱིན་པ་སྟོང་ཕྲག་བརྒྱ་པ།

十萬頌般若波羅蜜多經

敦博 Db.t.0950 (R-V) ཤེས་རབ་ཀྱི་ཕ་རོལ་ཏུ་ཕྱིན་པ་སྟོང་ཕྲག་བརྒྱ་པ་དུམ་བུ་དང་པོ་བམ་པོ་ལྔ་བཅུ་པའོ།།
十萬頌般若波羅蜜多經第一卷第五十品

46

敦博 Db.t.0951 (R-V)　ཤེས་རབ་ཀྱི་པ་རོལ་དུ་ཕྱིན་པ་སྟོང་ཕྲག་བརྒྱ་པ་

十萬頌般若波羅蜜多經　　(2—1)

敦博 Db.t.0951 (R-V)　ཤེས་རབ་ཀྱི་ཕ་རོལ་ཏུ་ཕྱིན་པ་སྟོང་ཕྲག་བརྒྱ་པ།
十萬頌般若波羅蜜多經　　（2—2）

敦博 Db.t.0952 (R-V)   ཤེས་རབ་ཀྱི་ཕ་རོལ་དུ་ཕྱིན་པ་སྟོང་ཕྲག་བརྒྱ་པ།
十萬頌般若波羅蜜多經

敦博 Db.t.0953 (R-V) ཤེས་རབ་ཀྱི་ཕ་རོལ་དུ་ཕྱིན་པ་སྟོང་ཕྲག་བརྒྱ་པ།

十萬頌般若波羅蜜多經

敦博 Db.t.0954 (R-V)　ཤེས་རབ་ཀྱི་ཕ་རོལ་དུ་ཕྱིན་པ་སྟོང་ཕྲག་བརྒྱ་པ།

十萬頌般若波羅蜜多經

敦博 Db.t.0955 (R-V) ཤེས་རབ་ཀྱི་ཕ་རོལ་དུ་ཕྱིན་པ་སྟོང་ཕྲག་བརྒྱ་པ།

十萬頌般若波羅蜜多經

敦博 Db.t.0956 (R-V) ཤེས་རབ་ཀྱི་ཕ་རོལ་དུ་ཕྱིན་པ་སྟོང་ཕྲག་བརྒྱ་པ།
十萬頌般若波羅蜜多經

敦博 Db.t.0957 (R-V)　ཤེས་རབ་ཀྱི་ཕ་རོལ་དུ་ཕྱིན་པ་སྟོང་ཕྲག་བརྒྱ་པ།

十萬頌般若波羅蜜多經

54

敦博 Db.t.0958 (R-V)　ཤེས་རབ་ཀྱི་ཕ་རོལ་ཏུ་ཕྱིན་པ་སྟོང་ཕྲག་བརྒྱ་པ།

十萬頌般若波羅蜜多經

敦博 Db.t.0959 (R-V)　ཤེས་རབ་ཀྱི་ཕ་རོལ་ཏུ་ཕྱིན་པ་སྟོང་ཕྲག་བརྒྱ་པ།
十萬頌般若波羅蜜多經

敦博 Db.t.0960 (R-V) ཤེས་རབ་ཀྱི་ཕ་རོལ་ཏུ་ཕྱིན་པ་སྟོང་ཕྲག་བརྒྱ་པ་དུམ་བུ་གསུམ་པ་བམ་པོ་ཉི་ཤུ་བརྒྱད་དོ།།

十萬頌般若波羅蜜多經第三卷第二十八品

敦博 Db.t.0961 (R-V)　ཤེས་རབ་ཀྱི་ཕ་རོལ་དུ་ཕྱིན་པ་སྟོང་ཕྲག་བརྒྱ་པ།

十萬頌般若波羅蜜多經

敦博 Db.t.0962 (R-V)  ཤེས་རབ་ཀྱི་ཕ་རོལ་དུ་ཕྱིན་པ་སྟོང་ཕྲག་བརྒྱ་པ་དུམ་བུ་གཉིས་པ་བམ་པོ་ལྔ་བཅུ་གཉིས་སོ།།

敦博 Db.t.0963 (R-V)　ཤེས་རབ་ཀྱི་ཕ་རོལ་དུ་ཕྱིན་པ་སྟོང་ཕྲག་བརྒྱ་པ།
十萬頌般若波羅蜜多經

敦博 Db.t.0964 (R-V)　ཤེས་རབ་ཀྱི་ཕ་རོལ་ཏུ་ཕྱིན་པ་སྟོང་ཕྲག་བརྒྱ་པ་དུམ་བུ་གཉིས་པ་བམ་པོ་བཅུ་དྲུག་གོ།།།

十萬頌般若波羅蜜多經第二卷第十六品

敦博 Db.t.0965 (R-V)　ཤེས་རབ་ཀྱི་ཕ་རོལ་དུ་ཕྱིན་པ་སྟོང་ཕྲག་བརྒྱ་པ།
十萬頌般若波羅蜜多經

敦博 Db.t.0966 (R-V)    ཤེས་རབ་ཀྱི་ཕ་རོལ་ཏུ་ཕྱིན་པ་སྟོང་ཕྲག་བརྒྱ་པ།

十萬頌般若波羅蜜多經

敦博 Db.t.0967 (R-V)　ཤེས་རབ་ཀྱི་ཕ་རོལ་དུ་ཕྱིན་པ་སྟོང་ཕྲག་བརྒྱ་པ།

十萬頌般若波羅蜜多經

敦博 Db.t.0968 (R-V)　ཤེས་རབ་ཀྱི་ཕ་རོལ་ཏུ་ཕྱིན་པ་སྟོང་ཕྲག་བརྒྱ་པ།

十萬頌般若波羅蜜多經

敦博 Db.t.0969 (R-V) ཤེས་རབ་ཀྱི་ཕ་རོལ་ཏུ་ཕྱིན་པ་སྟོང་ཕྲག་བརྒྱ་པ།

十萬頌般若波羅蜜多經

敦博 Db.t.0970 (R-V)　ཤེས་རབ་ཀྱི་ཕ་རོལ་དུ་ཕྱིན་པ་སྟོང་ཕྲག་བརྒྱ་པ།
十萬頌般若波羅蜜多經

敦博 Db.t.0971 (R-V)　ཤེས་རབ་ཀྱི་ཕ་རོལ་ཏུ་ཕྱིན་པ་སྟོང་ཕྲག་བརྒྱ་པ།

十萬頌般若波羅蜜多經

敦博 Db.t.0972 (R-V)　ཤེས་རབ་ཀྱི་ཕ་རོལ་དུ་ཕྱིན་པ་སྟོང་ཕྲག་བརྒྱ་པ།
十萬頌般若波羅蜜多經

敦博 Db.t.0973 (R-V)　ཤེས་རབ་ཀྱི་ཕ་རོལ་དུ་ཕྱིན་པ་སྟོང་ཕྲག་བརྒྱ་པ།
十萬頌般若波羅蜜多經

敦博 Db.t.0974 (R-V)    ཤེས་རབ་ཀྱི་ཕ་རོལ་ཏུ་ཕྱིན་པ་སྟོང་ཕྲག་བརྒྱ་པ།

十萬頌般若波羅蜜多經

敦博 Db.t.0975 (R-V)　ཤེས་རབ་ཀྱི་ཕ་རོལ་དུ་ཕྱིན་པ་སྟོང་ཕྲག་བརྒྱ་པ།
十萬頌般若波羅蜜多經

敦博 Db.t.0976 (R-V)　ཤེས་རབ་ཀྱི་ཕ་རོལ་དུ་ཕྱིན་པ་སྟོང་ཕྲག་བརྒྱ་པ།

十萬頌般若波羅蜜多經

敦博 Db.t.0977 (R-V) ཤེས་རབ་ཀྱི་ཕ་རོལ་ཏུ་ཕྱིན་པ་སྟོང་ཕྲག་བརྒྱ་པ།
十萬頌般若波羅蜜多經

敦博 Db.t.0978 (R-V) ཤེས་རབ་ཀྱི་ཕ་རོལ་དུ་ཕྱིན་པ་སྟོང་ཕྲག་བརྒྱ་པ།
十萬頌般若波羅蜜多經　　(3—1)

敦博 Db.t.0978 (R-V)　ཤེས་རབ་ཀྱི་ཕ་རོལ་དུ་ཕྱིན་པ་སྟོང་ཕྲག་བརྒྱ་པ།

十萬頌般若波羅蜜多經　　(3—2)

敦博 Db.t.0978 (R-V)　ཤེས་རབ་ཀྱི་ཕ་རོལ་དུ་ཕྱིན་པ་སྟོང་ཕྲག་བརྒྱ་པ།
十萬頌般若波羅蜜多經　　(3—3)

敦博 Db.t.0979 (R-V)　ཤེས་རབ་ཀྱི་ཕ་རོལ་དུ་ཕྱིན་པ་སྟོང་ཕྲག་བརྒྱ་པ།
十萬頌般若波羅蜜多經

敦博 Db.t.0980 (R-V)　ཤེས་རབ་ཀྱི་ཕ་རོལ་དུ་ཕྱིན་པ་སྟོང་ཕྲག་བརྒྱ་པ།
十萬頌般若波羅蜜多經

敦博 Db.t.0981 (R-V) ཤེས་རབ་ཀྱི་ཕ་རོལ་དུ་ཕྱིན་པ་སྟོང་ཕྲག་བརྒྱ་པ།
十萬頌般若波羅蜜多經

敦博 Db.t.0982 (R-V)　ཤེས་རབ་ཀྱི་ཕ་རོལ་དུ་ཕྱིན་པ་སྟོང་ཕྲག་བརྒྱ་པ།
十萬頌般若波羅蜜多經

敦博 Db.t.0983 (R-V)　ཤེས་རབ་ཀྱི་ཕ་རོལ་དུ་ཕྱིན་པ་སྟོང་ཕྲག་བརྒྱ་པ།
十萬頌般若波羅蜜多經

敦博 Db.t.0984 (R-V)　ཤེས་རབ་ཀྱི་ཕ་རོལ་དུ་ཕྱིན་པ་སྟོང་ཕྲག་བརྒྱ་པ།

十萬頌般若波羅蜜多經　　(2—1)

敦博 Db.t.0984 (R-V)　ཤེས་རབ་ཀྱི་ཕ་རོལ་དུ་ཕྱིན་པ་སྟོང་ཕྲག་བརྒྱ་པ།

十萬頌般若波羅蜜多經　　(2—2)

敦博 Db.t.0985 (R-V)　ཤེས་རབ་ཀྱི་ཕ་རོལ་དུ་ཕྱིན་པ་སྟོང་ཕྲག་བརྒྱ་པ།

十萬頌般若波羅蜜多經　　(2—1)

敦博 Db.t.0985 (R-V) ཤེས་རབ་ཀྱི་ཕ་རོལ་ཏུ་ཕྱིན་པ་སྟོང་ཕྲག་བརྒྱ་པ།

十萬頌般若波羅蜜多經　　(2—2)

敦博 Db.t.0986 (R-V)　ཤེས་རབ་ཀྱི་ཕ་རོལ་དུ་ཕྱིན་པ་སྟོང་ཕྲག་བརྒྱ་པ།
十萬頌般若波羅蜜多經　　(2—1)

敦博 Db.t.0986 (R-V) ཤེས་རབ་ཀྱི་ཕ་རོལ་དུ་ཕྱིན་པ་སྟོང་ཕྲག་བརྒྱ་པ།
十萬頌般若波羅蜜多經 　　(2—2)

敦博 Db.t.0987 (R-V)　ཤེས་རབ་ཀྱི་ཕ་རོལ་ཏུ་ཕྱིན་པ་སྟོང་ཕྲག་བརྒྱ་པ།

十萬頌般若波羅蜜多經　　(2—1)

敦博 Db.t.0987 (R-V)　ཤེས་རབ་ཀྱི་ཕ་རོལ་ཏུ་ཕྱིན་པ་སྟོང་ཕྲག་བརྒྱ་པ།

十萬頌般若波羅蜜多經　　(2—2)

90

敦博 Db.t.0988 (R-V)　ཤེས་རབ་ཀྱི་ཕ་རོལ་ཏུ་ཕྱིན་པ་སྟོང་ཕྲག་བརྒྱ་པ།

十萬頌般若波羅蜜多經

敦博 Db.t.0989 (R-V)　ཤེས་རབ་ཀྱི་ཕ་རོལ་ཏུ་ཕྱིན་པ་སྟོང་ཕྲག་བརྒྱ་པ་དུམ་བུ་དང་པོ་བམ་པོ་སུམ་ཅུ་ལྔ་པོ།།

十萬頌般若波羅蜜多經第一卷第三十五品

92

敦博 Db.t.0990 (R-V) ཤེས་རབ་ཀྱི་ཕ་རོལ་དུ་ཕྱིན་པ་སྟོང་ཕྲག་བརྒྱ་པ།
十萬頌般若波羅蜜多經

敦博 Db.t.0991 (R-V)　ཤེས་རབ་ཀྱི་ཕ་རོལ་ཏུ་ཕྱིན་པ་སྟོང་ཕྲག་བརྒྱ་པ།

十萬頌般若波羅蜜多經　　(2—1)

敦博 Db.t.0991 (R-V)  ཤེས་རབ་ཀྱི་ཕ་རོལ་ཏུ་ཕྱིན་པ་སྟོང་ཕྲག་བརྒྱ་པ།
十萬頌般若波羅蜜多經　　(2—2)

敦博 Db.t.0992 (R-V)　ཤེས་རབ་ཀྱི་ཕ་རོལ་ཏུ་ཕྱིན་པ་སྟོང་ཕྲག་བརྒྱ་པ་དུམ་བུ་དང་པོ་བམ་པོ་བདུན་ཅུ་གསུམ་མོ།།

十萬頌般若波羅蜜多經第一卷第七十三品

敦博 Db.t.0993 (R-V)　ཤེས་རབ་ཀྱི་ཕ་རོལ་དུ་ཕྱིན་པ་སྟོང་ཕྲག་བརྒྱ་པ།

十萬頌般若波羅蜜多經

敦博 Db.t.0994 (R-V)    ཤེས་རབ་ཀྱི་ཕ་རོལ་དུ་ཕྱིན་པ་སྟོང་ཕྲག་བརྒྱ་པ།
十萬頌般若波羅蜜多經

敦博 Db.t.0995 (R-V)　ཤེས་རབ་ཀྱི་ཕ་རོལ་དུ་ཕྱིན་པ་སྟོང་ཕྲག་བརྒྱ་པ།
十萬頌般若波羅蜜多經

敦博 Db.t.0996 (R-V)　ཤེས་རབ་ཀྱི་ཕ་རོལ་དུ་ཕྱིན་པ་སྟོང་ཕྲག་བརྒྱ་པ།
十萬頌般若波羅蜜多經

敦博 Db.t.0997 (R-V)　ཤེས་རབ་ཀྱི་ཕ་རོལ་དུ་ཕྱིན་པ་སྟོང་ཕྲག་བརྒྱ་པ།
十萬頌般若波羅蜜多經

敦博 Db.t.0998 (R-V)　ཤེས་རབ་ཀྱི་ཕ་རོལ་དུ་ཕྱིན་པ་སྟོང་ཕྲག་བརྒྱ་པ།

十萬頌般若波羅蜜多經

敦博 Db.t.0999 (R-V)  ཤེས་རབ་ཀྱི་ཕ་རོལ་ཏུ་ཕྱིན་པ་སྟོང་ཕྲག་བརྒྱ་པ།

十萬頌般若波羅蜜多經

敦博 Db.t.1000 (R-V)　ཤེས་རབ་ཀྱི་ཕ་རོལ་དུ་ཕྱིན་པ་སྟོང་ཕྲག་བརྒྱ་པ།

十萬頌般若波羅蜜多經

104

敦博 Db.t.1001 (R-V) ཤེས་རབ་ཀྱི་ཕ་རོལ་དུ་ཕྱིན་པ་སྟོང་ཕྲག་བརྒྱ་པ།

十萬頌般若波羅蜜多經

敦博 Db.t.1002 (R-V)　ཤེས་རབ་ཀྱི་ཕ་རོལ་དུ་ཕྱིན་པ་སྟོང་ཕྲག་བརྒྱ་པ།

十萬頌般若波羅蜜多經

敦博 Db.t.1003 (R-V)　ཤེས་རབ་ཀྱི་ཕ་རོལ་དུ་ཕྱིན་པ་སྟོང་ཕྲག་བརྒྱ་པ།

十萬頌般若波羅蜜多經

敦博 Db.t.1004 (R-V)　ཤེས་རབ་ཀྱི་ཕ་རོལ་ཏུ་ཕྱིན་པ་སྟོང་ཕྲག་བརྒྱ་པ།

十萬頌般若波羅蜜多經

敦博 Db.t.1005 (R-V)　ཤེས་རབ་ཀྱི་ཕ་རོལ་ཏུ་ཕྱིན་པ་སྟོང་ཕྲག་བརྒྱ་པ།
十萬頌般若波羅蜜多經

敦博 Db.t.1006 (R-V)　ཤེས་རབ་ཀྱི་ཕ་རོལ་དུ་ཕྱིན་པ་སྟོང་ཕྲག་བརྒྱ་པ།
十萬頌般若波羅蜜多經

敦博 Db.t.1007 (R-V) ཤེས་རབ་ཀྱི་ཕ་རོལ་དུ་ཕྱིན་པ་སྟོང་ཕྲག་བརྒྱ་པ།
十萬頌般若波羅蜜多經

敦博 Db.t.1008 (R-V)　ཤེས་རབ་ཀྱི་ཕ་རོལ་ཏུ་ཕྱིན་པ་སྟོང་ཕྲག་བརྒྱ་པ།

十萬頌般若波羅蜜多經

112

敦博 Db.t.1009 (R-V)　ཤེས་རབ་ཀྱི་ཕ་རོལ་ཏུ་ཕྱིན་པ་སྟོང་ཕྲག་བརྒྱ་པ་དུམ་བུ་བཞི་པ་བམ་པོ་ལྔ་འོ།།

十萬頌般若波羅蜜多經第四卷第五品　　(2—1)

敦博 Db.t.1009 (R-V)　ཤེས་རབ་ཀྱི་ཕ་རོལ་ཏུ་ཕྱིན་པ་སྟོང་ཕྲག་བརྒྱ་པ་དུམ་བུ་བཞི་པ་བམ་པོ་ལྔ་པོ།།

十萬頌般若波羅蜜多經第四卷第五品　　（2—2）

敦博 Db.t.1010 (R-V)　ཤེས་རབ་ཀྱི་ཕ་རོལ་དུ་ཕྱིན་པ་སྟོང་ཕྲག་བརྒྱ་པ།

十萬頌般若波羅蜜多經

敦博 Db.t.1011 (R-V)　ཤེས་རབ་ཀྱི་ཕ་རོལ་དུ་ཕྱིན་པ་སྟོང་ཕྲག་བརྒྱ་པ།

十萬頌般若波羅蜜多經

敦博 Db.t.1012 (R-V)　ཤེས་རབ་ཀྱི་ཕ་རོལ་དུ་ཕྱིན་པ་སྟོང་ཕྲག་བརྒྱ་པ།
十萬頌般若波羅蜜多經

敦博 Db.t.1013 (R-V) ཤེས་རབ་ཀྱི་ཕ་རོལ་དུ་ཕྱིན་པ་སྟོང་ཕྲག་བརྒྱ་པ།

十萬頌般若波羅蜜多經

敦博 Db.t.1014 (R-V)　ཤེས་རབ་ཀྱི་ཕ་རོལ་དུ་ཕྱིན་པ་སྟོང་ཕྲག་བརྒྱན་པ་དུམ་བུ་དང་པོ་བམ་པོ་བཅུ་གསུམ་མོ།།

十萬頌般若波羅蜜多經第一卷第十三品

敦博 Db.t.1015 (R-V)　ཤེས་རབ་ཀྱི་ཕ་རོལ་དུ་ཕྱིན་པ་སྟོང་ཕྲག་བརྒྱ་པ།
十萬頌般若波羅蜜多經

敦博 Db.t.1016 (R-V)　ཤེས་རབ་ཀྱི་ཕ་རོལ་ཏུ་ཕྱིན་པ་སྟོང་ཕྲག་བརྒྱ་པ།
十萬頌般若波羅蜜多經

敦博 Db.t.1017 (R-V)    ཤེས་རབ་ཀྱི་ཕ་རོལ་དུ་ཕྱིན་པ་སྟོང་ཕྲག་བརྒྱ་པ།
十萬頌般若波羅蜜多經

敦博 Db.t.1018 (R-V) ཤེས་རབ་ཀྱི་ཕ་རོལ་ཏུ་ཕྱིན་པ་སྟོང་ཕྲག་བརྒྱ་པ་དུམ་བུ་དང་པོ་བམ་པོ་དྲུག་ཅུ་གསུམ་མོན།།

十萬頌般若波羅蜜多經第一卷第六十三品

敦博 Db.t.1019 (R-V)　ཤེས་རབ་ཀྱི་ཕ་རོལ་ཏུ་ཕྱིན་པ་སྟོང་ཕྲག་བརྒྱ་པ།

十萬頌般若波羅蜜多經

敦博 Db.t.1020 (R-V) ཤེས་རབ་ཀྱི་ཕ་རོལ་དུ་ཕྱིན་པ་སྟོང་ཕྲག་བརྒྱ་པ།
十萬頌般若波羅蜜多經

敦博 Db.t.1021 (R-V)　ཤེས་རབ་ཀྱི་ཕ་རོལ་དུ་ཕྱིན་པ་སྟོང་ཕྲག་བརྒྱ་པ།
十萬頌般若波羅蜜多經

126

敦博 Db.t.1022 (R-V) ཤེས་རབ་ཀྱི་ཕ་རོལ་དུ་ཕྱིན་པ་སྟོང་ཕྲག་བརྒྱ་པ།

十萬頌般若波羅蜜多經

敦博 Db.t.1023 (R-V)　ཤེས་རབ་ཀྱི་ཕ་རོལ་ཏུ་ཕྱིན་པ་སྟོང་ཕྲག་བརྒྱ་པ།

十萬頌般若波羅蜜多經

敦博 Db.t.1024 (R-V)　ཤེས་རབ་ཀྱི་ཕ་རོལ་ཏུ་ཕྱིན་པ་སྟོང་ཕྲག་བརྒྱ་པ།

十萬頌般若波羅蜜多經

敦博 Db.t.1025 (R-V)　ཤེས་རབ་ཀྱི་ཕ་རོལ་དུ་ཕྱིན་པ་སྟོང་ཕྲག་བརྒྱ་པ།
十萬頌般若波羅蜜多經

敦博 Db.t.1026 (R-V)　ཤེས་རབ་ཀྱི་ཕ་རོལ་ཏུ་ཕྱིན་པ་སྟོང་ཕྲག་བརྒྱ་པ།
十萬頌般若波羅蜜多經

敦博 Db.t.1027 (R-V)　ཤེས་རབ་ཀྱི་ཕ་རོལ་དུ་ཕྱིན་པ་སྟོང་ཕྲག་བརྒྱ་པ་དུམ་བུ་གསུམ་པ་བམ་པོ་ལྔ་བཅུ་དགུ་པོ༎

十萬頌般若波羅蜜多經第三卷第五十九品

敦博 Db.t.1028 (R-V)    ཤེས་རབ་ཀྱི་ཕ་རོལ་ཏུ་ཕྱིན་པ་སྟོང་ཕྲག་བརྒྱ་པ།
十萬頌般若波羅蜜多經

敦博 Db.t.1029 (R-V)　ཤེས་རབ་ཀྱི་ཕ་རོལ་ཏུ་ཕྱིན་པ་སྟོང་ཕྲག་བརྒྱ་པ་དུམ་བུ་དང་པོ་བམ་པོ་སུམ་ཅུ་དགུའོ།།

十萬頌般若波羅蜜多經第一卷第三十九品

134

敦博 Db.t.1030 (R-V)　ཤེས་རབ་ཀྱི་ཕ་རོལ་དུ་ཕྱིན་པ་སྟོང་ཕྲག་བརྒྱ་པ།

十萬頌般若波羅蜜多經　　(7—1)

敦博 Db.t.1030 (R-V)　ཤེས་རབ་ཀྱི་ཕ་རོལ་ཏུ་ཕྱིན་པ་སྟོང་ཕྲག་བརྒྱ་པ།

十萬頌般若波羅蜜多經　　(7—2)

敦博 Db.t.1030 (R-V)　ཤེས་རབ་ཀྱི་ཕ་རོལ་དུ་ཕྱིན་པ་སྟོང་ཕྲག་བརྒྱ་པ།
十萬頌般若波羅蜜多經　　(7—3)

敦博 Db.t.1030 (R-V)　ཤེས་རབ་ཀྱི་ཕ་རོལ་དུ་ཕྱིན་པ་སྟོང་ཕྲག་བརྒྱ་པ།
十萬頌般若波羅蜜多經　　(7—4)

敦博 Db.t.1030 (R-V)　ཤེས་རབ་ཀྱི་ཕ་རོལ་དུ་ཕྱིན་པ་སྟོང་ཕྲག་བརྒྱ་པ།
十萬頌般若波羅蜜多經　　(7—5)

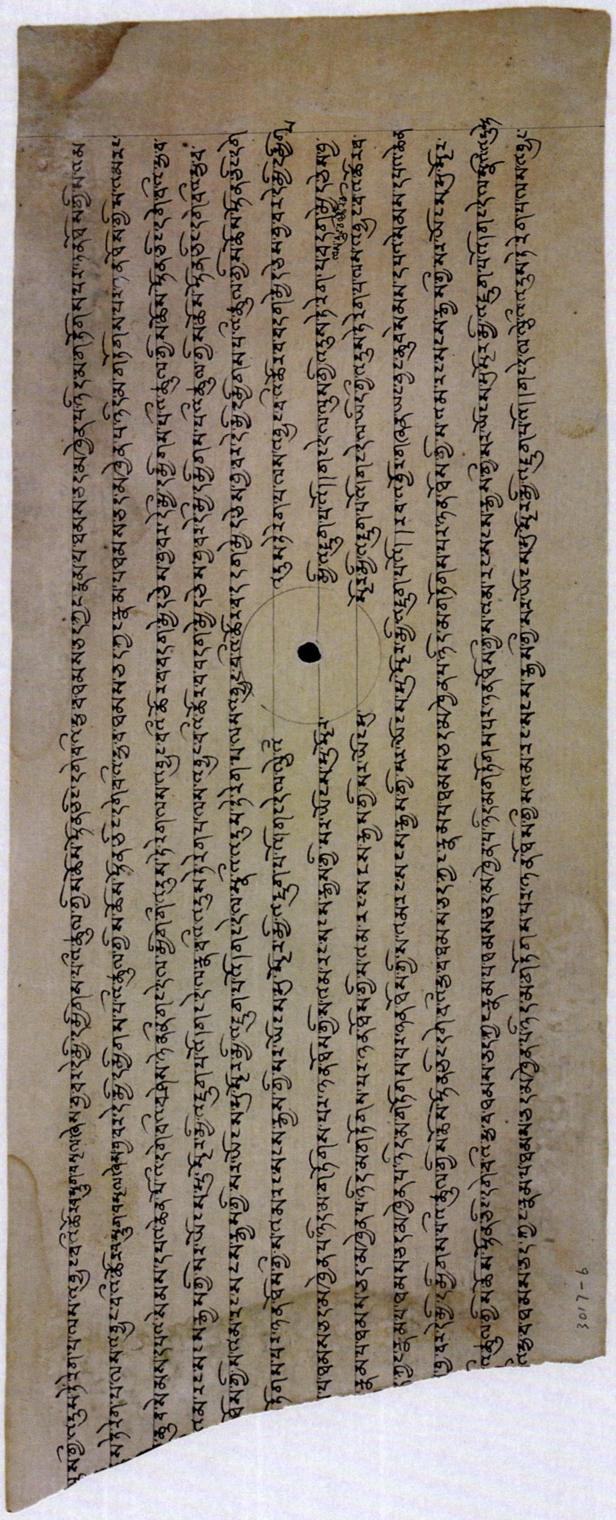

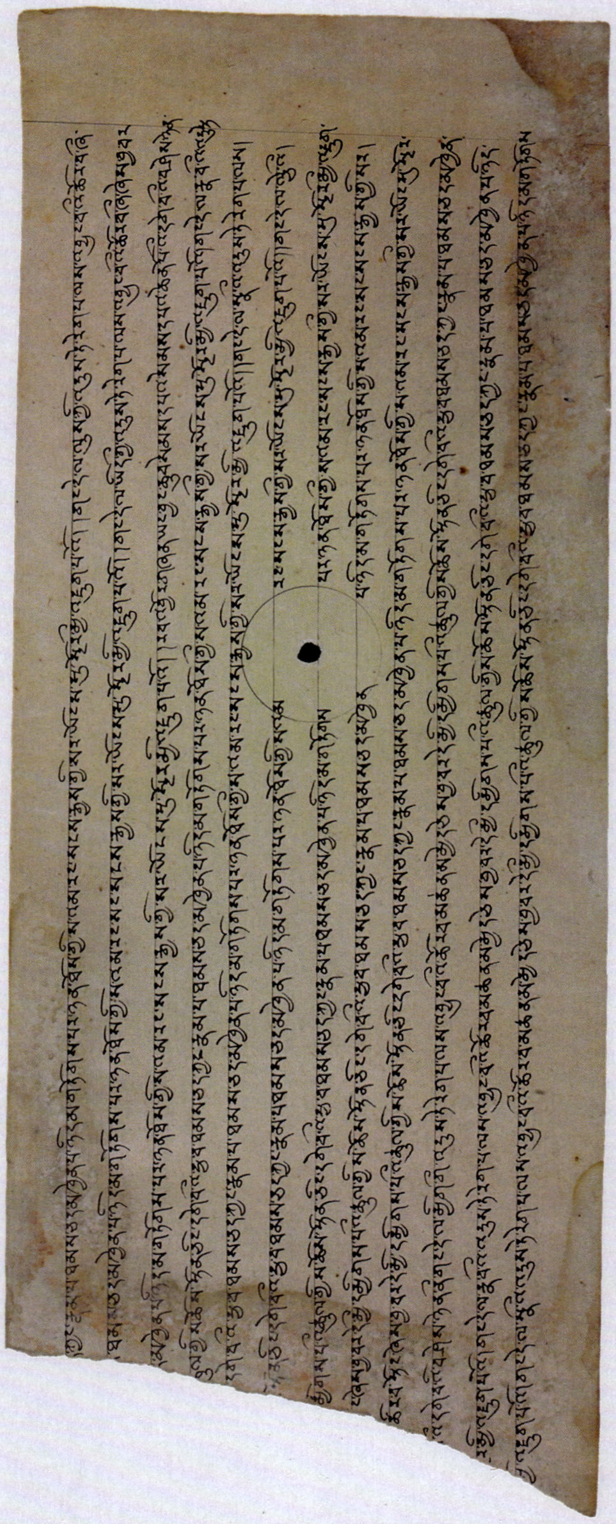

敦博 Db.t.1030 (R-V) ཤེས་རབ་ཀྱི་ཕ་རོལ་ཏུ་ཕྱིན་པ་སྟོང་ཕྲག་བརྒྱ་པ།
十萬頌般若波羅蜜多經 (7—6)

敦博 Db.t.1030 (R-V)　ཤེས་རབ་ཀྱི་ཕ་རོལ་དུ་ཕྱིན་པ་སྟོང་ཕྲག་བརྒྱ་པ།
十萬頌般若波羅蜜多經　　(7—7)

敦博 Db.t.1031 (R-V)  ཤེས་རབ་ཀྱི་ཕ་རོལ་ཏུ་ཕྱིན་པ་སྟོང་ཕྲག་བརྒྱ་པ།
十萬頌般若波羅蜜多經

敦博 Db.t.1032 (R-V)　ཤེས་རབ་ཀྱི་ཕ་རོལ་ཏུ་ཕྱིན་པ་སྟོང་ཕྲག་བརྒྱ་པ།

十萬頌般若波羅蜜多經

143

敦博 Db.t.1033 (R-V)　ཤེས་རབ་ཀྱི་ཕ་རོལ་དུ་ཕྱིན་པ་སྟོང་ཕྲག་བརྒྱ་པ།

十萬頌般若波羅蜜多經

敦博 Db.t.1034 (R-V)　ཤེས་རབ་ཀྱི་ཕ་རོལ་དུ་ཕྱིན་པ་སྟོང་ཕྲག་བརྒྱ་པ།
十萬頌般若波羅蜜多經

敦博 Db.t.1035 (R-V)　ཤེས་རབ་ཀྱི་ཕ་རོལ་ཏུ་ཕྱིན་པ་སྟོང་ཕྲག་བརྒྱ་པ་དུམ་བུ་གཉིས་པ་བམ་པོ་བཞི་བཅུ་དྲུག་དང་བཞི་བཅུ་
བདུན་ནོ།།

146　　　十萬頌般若波羅蜜多經第二卷第四十六、四十七品

敦博 Db.t.1036 (R-V)　ཤེས་རབ་ཀྱི་ཕ་རོལ་དུ་ཕྱིན་པ་སྟོང་ཕྲག་བརྒྱ་པ།
十萬頌般若波羅蜜多經

敦博 Db.t.1037 (R-V)　ཤེས་རབ་ཀྱི་ཕ་རོལ་ཏུ་ཕྱིན་པ་སྟོང་ཕྲག་བརྒྱ་པ།
十萬頌般若波羅蜜多經

148

敦博 Db.t.1038 (R-V)　ཤེས་རབ་ཀྱི་ཕ་རོལ་དུ་ཕྱིན་པ་སྟོང་ཕྲག་བརྒྱ་པ།
十萬頌般若波羅蜜多經

敦博 Db.t.1039 (R-V)　ཤེས་རབ་ཀྱི་ཕ་རོལ་ཏུ་ཕྱིན་པ་སྟོང་ཕྲག་བརྒྱ་པ་དུམ་བུ་དང་པོ་བམ་པོ་དགུ་འོ།།

十萬頌般若波羅蜜多經第一卷第九品

150

敦博 Db.t.1040 (R-V) ཤེས་རབ་ཀྱི་ཕ་རོལ་ཏུ་ཕྱིན་པ་སྟོང་ཕྲག་བརྒྱ་པ་དུམ་བུ་གཉིས་པ་བམ་པོ་ཉི་ཤུ་བདུན་དང་ཉི་
ཤུ་བརྒྱད་དོ།།

十萬頌般若波羅蜜多經第二卷第二十七、二十八品

敦博 Db.t.1041 (R-V)　ཤེས་རབ་ཀྱི་ཕ་རོལ་དུ་ཕྱིན་པ་སྟོང་ཕྲག་བརྒྱ་པ།

十萬頌般若波羅蜜多經　　　(2—1)

敦博 Db.t.1041 (R-V)    ཤེས་རབ་ཀྱི་ཕ་རོལ་དུ་ཕྱིན་པ་སྟོང་ཕྲག་བརྒྱ་པ།

十萬頌般若波羅蜜多經　　(2—2)

敦博 Db.t.1042 (R-V)　ཤེས་རབ་ཀྱི་ཕ་རོལ་ཏུ་ཕྱིན་པ་སྟོང་ཕྲག་བརྒྱ་པ་དུམ་བུ་གཉིས་པ་བམ་པོ་བཞི་བཅུ་བརྒྱད་དོ།།

十萬頌般若波羅蜜多經第二卷第四十八品　　(2—1)

敦博 Db.t.1042 (R-V)　ཤེས་རབ་ཀྱི་ཕ་རོལ་ཏུ་ཕྱིན་པ་སྟོང་ཕྲག་བརྒྱ་པ་དུམ་བུ་གཉིས་པ་བམ་པོ་བཞི་བཅུ་བརྒྱད་དོ།།

十萬頌般若波羅蜜多經第二卷第四十八品　　(2—2)

敦博 Db.t.1043 (R-V)　ཤེས་རབ་ཀྱི་ཕ་རོལ་དུ་ཕྱིན་པ་སྟོང་ཕྲག་བརྒྱ་པ།

十萬頌般若波羅蜜多經

敦博 Db.t.1044 (R-V)　ཤེས་རབ་ཀྱི་ཕ་རོལ་དུ་ཕྱིན་པ་སྟོང་ཕྲག་བརྒྱ་པ།
十萬頌般若波羅蜜多經

敦博 Db.t.1045 (R-V) ཤེས་རབ་ཀྱི་ཕ་རོལ་དུ་ཕྱིན་པ་སྟོང་ཕྲག་བརྒྱ་པ།
十萬頌般若波羅蜜多經 　　(2—1)

敦博 Db.t.1045 (R-V)　ཤེས་རབ་ཀྱི་ཕ་རོལ་དུ་ཕྱིན་པ་སྟོང་ཕྲག་བརྒྱ་པ།
十萬頌般若波羅蜜多經　　(2—2)

敦博 Db.t.1046 (R-V)　ཤེས་རབ་ཀྱི་ཕ་རོལ་དུ་ཕྱིན་པ་སྟོང་ཕྲག་བརྒྱ་པ།

十萬頌般若波羅蜜多經

160

敦博 Db.t.1047 (R-V)　ཤེས་རབ་ཀྱི་ཕ་རོལ་ཏུ་ཕྱིན་པ་སྟོང་ཕྲག་བརྒྱ་པ་དུམ་བུ་བཞི་པ་བམ་པོ་སུམ་ཅུ་པོ།།

十萬頌般若波羅蜜多經第四卷第三十品

敦博 Db.t.1048 (R-V)　ཤེས་རབ་ཀྱི་ཕ་རོལ་ཏུ་ཕྱིན་པ་སྟོང་ཕྲག་བརྒྱ་པ།

十萬頌般若波羅蜜多經

敦博 Db.t.1049 (R-V)　ཤེས་རབ་ཀྱི་ཕ་རོལ་ཏུ་ཕྱིན་པ་སྟོང་ཕྲག་བརྒྱ་པ།
十萬頌般若波羅蜜多經

敦博 Db.t.1050 (R-V)　ཤེས་རབ་ཀྱི་ཕ་རོལ་དུ་ཕྱིན་པ་སྟོང་ཕྲག་བརྒྱ་པ།
十萬頌般若波羅蜜多經

164

敦博 Db.t.1051 (R-V) ཤེས་རབ་ཀྱི་ཕ་རོལ་དུ་ཕྱིན་པ་སྟོང་ཕྲག་བརྒྱ་པ།
十萬頌般若波羅蜜多經

敦博 Db.t.1052 (R-V)　ཤེས་རབ་ཀྱི་ཕ་རོལ་དུ་ཕྱིན་པ་སྟོང་ཕྲག་བརྒྱ་པ།

十萬頌般若波羅蜜多經

敦博 Db.t.1053 (R-V)　ཤེས་རབ་ཀྱི་ཕ་རོལ་ཏུ་ཕྱིན་པ་སྟོང་ཕྲག་བརྒྱ་པ།
十萬頌般若波羅蜜多經　　(2—1)

敦博 Db.t.1053 (R-V)　ཤེས་རབ་ཀྱི་ཕ་རོལ་དུ་ཕྱིན་པ་སྟོང་ཕྲག་བརྒྱ་པ།
十萬頌般若波羅蜜多經　　(2—2)

敦博 Db.t.1054 (R-V) ཤེས་རབ་ཀྱི་ཕ་རོལ་དུ་ཕྱིན་པ་སྟོང་ཕྲག་བརྒྱ་པ།
十萬頌般若波羅蜜多經

敦博 Db.t.1055 (R-V)　ཤེས་རབ་ཀྱི་ཕ་རོལ་དུ་ཕྱིན་པ་སྟོང་ཕྲག་བརྒྱ་པ།

十萬頌般若波羅蜜多經

敦博 Db.t.1056 (R-V)　ཤེས་རབ་ཀྱི་ཕ་རོལ་ཏུ་ཕྱིན་པ་སྟོང་ཕྲག་བརྒྱ་པ།

十萬頌般若波羅蜜多經　　(2—1)

敦博 Db.t.1056 (R-V)　ཤེས་རབ་ཀྱི་ཕ་རོལ་དུ་ཕྱིན་པ་སྟོང་ཕྲག་བརྒྱ་པ།
十萬頌般若波羅蜜多經　　(2—2)

敦博 Db.t.1057 (R-V)　ཤེས་རབ་ཀྱི་ཕ་རོལ་ཏུ་ཕྱིན་པ་སྟོང་ཕྲག་བརྒྱ་པ།
十萬頌般若波羅蜜多經

敦博 Db.t.1058 (R-V)　ཤེས་རབ་ཀྱི་ཕ་རོལ་དུ་ཕྱིན་པ་སྟོང་ཕྲག་བརྒྱ་པ།

十萬頌般若波羅蜜多經

敦博 Db.t.1059 (R-V)　ཤེས་རབ་ཀྱི་ཕ་རོལ་དུ་ཕྱིན་པ་སྟོང་ཕྲག་བརྒྱ་པ།
十萬頌般若波羅蜜多經

敦博 Db.t.1060 (R-V)　ཤེས་རབ་ཀྱི་ཕ་རོལ་དུ་ཕྱིན་པ་སྟོང་ཕྲག་བརྒྱ་པ།

十萬頌般若波羅蜜多經

敦博 Db.t.1061 (R-V)　ཤེས་རབ་ཀྱི་ཕ་རོལ་ཏུ་ཕྱིན་པ་སྟོང་ཕྲག་བརྒྱ་པ།
十萬頌般若波羅蜜多經

敦博 Db.t.1062 (R-V)　ཤེས་རབ་ཀྱི་ཕ་རོལ་དུ་ཕྱིན་པ་སྟོང་ཕྲག་བརྒྱ་པ།

十萬頌般若波羅蜜多經

敦博 Db.t.1063 (R-V)　ཤེས་རབ་ཀྱི་ཕ་རོལ་ཏུ་ཕྱིན་པ་སྟོང་ཕྲག་བརྒྱ་པ།
十萬頌般若波羅蜜多經

敦博 Db.t.1064 (R-V)　ཤེས་རབ་ཀྱི་ཕ་རོལ་དུ་ཕྱིན་པ་སྟོང་ཕྲག་བརྒྱ་པ།

十萬頌般若波羅蜜多經

敦博 Db.t.1065 (R-V)　ཤེས་རབ་ཀྱི་ཕ་རོལ་དུ་ཕྱིན་པ་སྟོང་ཕྲག་བརྒྱ་པ།
十萬頌般若波羅蜜多經

敦博 Db.t.1066 (R-V) ཤེས་རབ་ཀྱི་ཕ་རོལ་དུ་ཕྱིན་པ་སྟོང་ཕྲག་བརྒྱ་པ།
十萬頌般若波羅蜜多經

敦博 Db.t.1067 (R-V)　ཤེས་རབ་ཀྱི་ཕ་རོལ་དུ་ཕྱིན་པ་སྟོང་ཕྲག་བརྒྱ་པ།

十萬頌般若波羅蜜多經

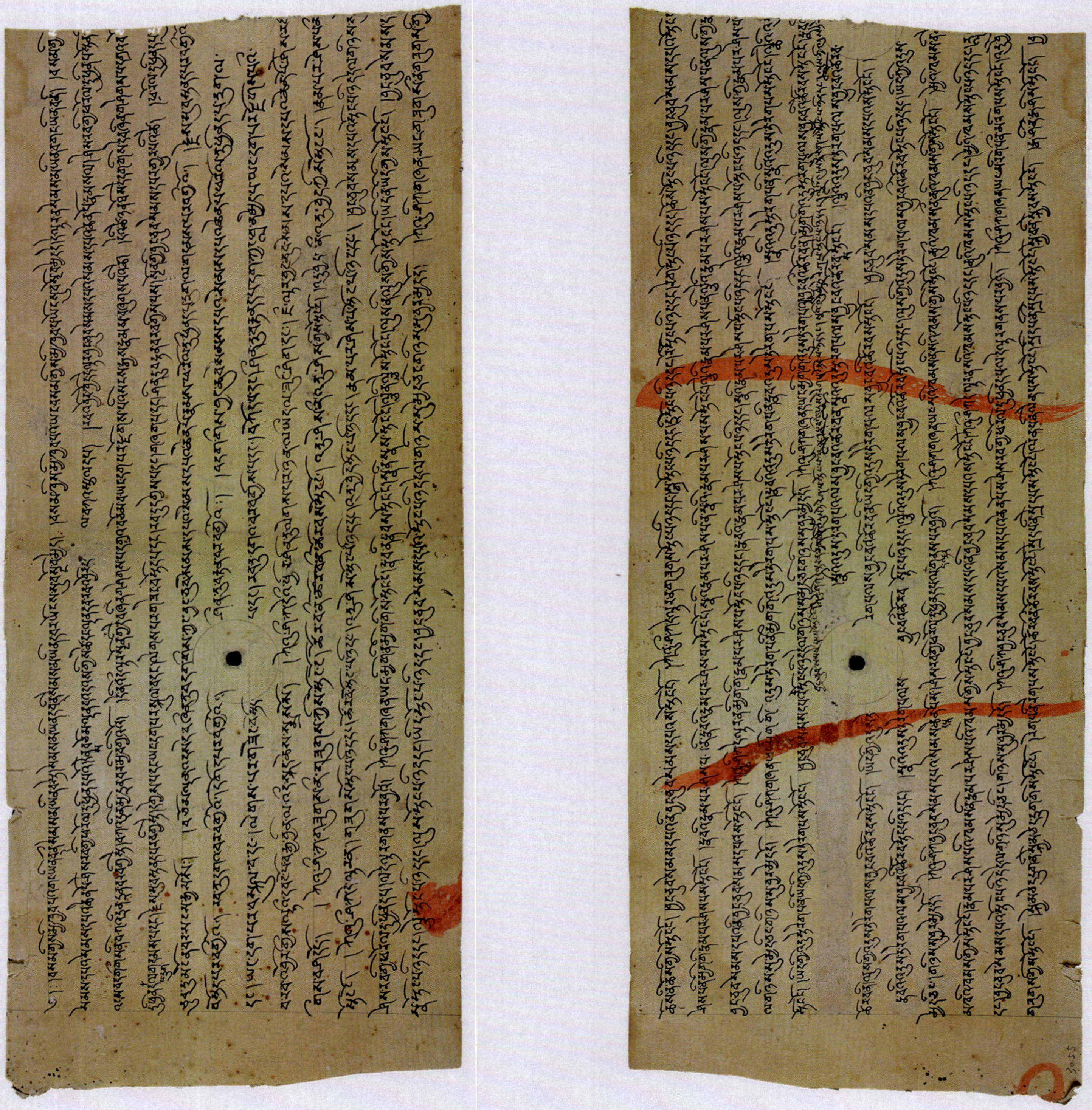

敦博 Db.t.1068 (R-V) ཤེས་རབ་ཀྱི་ཕ་རོལ་ཏུ་ཕྱིན་པ་སྟོང་ཕྲག་བརྒྱ་པ།
十萬頌般若波羅蜜多經

敦博 Db.t.1069 (R-V) ཤེས་རབ་ཀྱི་ཕ་རོལ་དུ་ཕྱིན་པ་སྟོང་ཕྲག་བརྒྱ་པ།

十萬頌般若波羅蜜多經

敦博 Db.t.1070 (R-V)　ཤེས་རབ་ཀྱི་ཕ་རོལ་དུ་ཕྱིན་པ་སྟོང་ཕྲག་བརྒྱ་པ།

十萬頌般若波羅蜜多經

敦博 Db.t.1071 (R-V)　ཤེས་རབ་ཀྱི་ཕ་རོལ་དུ་ཕྱིན་པ་སྟོང་ཕྲག་བརྒྱ་པ།
十萬頌般若波羅蜜多經

敦博.Db.t.1072 (R-V)　ཤེས་རབ་ཀྱི་ཕ་རོལ་ཏུ་ཕྱིན་པ་སྟོང་ཕྲག་བརྒྱ་པ་དུམ་བུ་གཉིས་པ་བམ་པོ་དྲུག་ཅུ་གསུམ།།

十萬頌般若波羅蜜多經第二卷第六十三品

188

敦博 Db.t.1073 (R-V)　ཤེས་རབ་ཀྱི་ཕ་རོལ་དུ་ཕྱིན་པ་སྟོང་ཕྲག་བརྒྱ་པ་དུམ་བུ་གསུམ་པ་བམ་པོ་དྲུག་ཅུ་པའོ།།
十萬頌般若波羅蜜多經第三卷第六十品

敦博 Db.t.1074 (R-V)　ཤེས་རབ་ཀྱི་ཕ་རོལ་དུ་ཕྱིན་པ་སྟོང་ཕྲག་བརྒྱ་པ།
十萬頌般若波羅蜜多經

敦博 Db.t.1075 (R-V)　ཤེས་རབ་ཀྱི་ཕ་རོལ་ཏུ་ཕྱིན་པ་སྟོང་ཕྲག་བརྒྱ་པ་བམ་པོ་ཉི་ཤུ་བརྒྱད་དོ།།
十萬頌般若波羅蜜多經第二卷第二十八品

敦博 Db.t.1076 (R-V)　ཤེས་རབ་ཀྱི་ཕ་རོལ་དུ་ཕྱིན་པ་སྟོང་ཕྲག་བརྒྱ་པ།

十萬頌般若波羅蜜多經　　(2—1)

敦博 Db.t.1076 (R-V) ཤེས་རབ་ཀྱི་ཕ་རོལ་ཏུ་ཕྱིན་པ་སྟོང་ཕྲག་བརྒྱ་པ།

十萬頌般若波羅蜜多經　　(2—2)

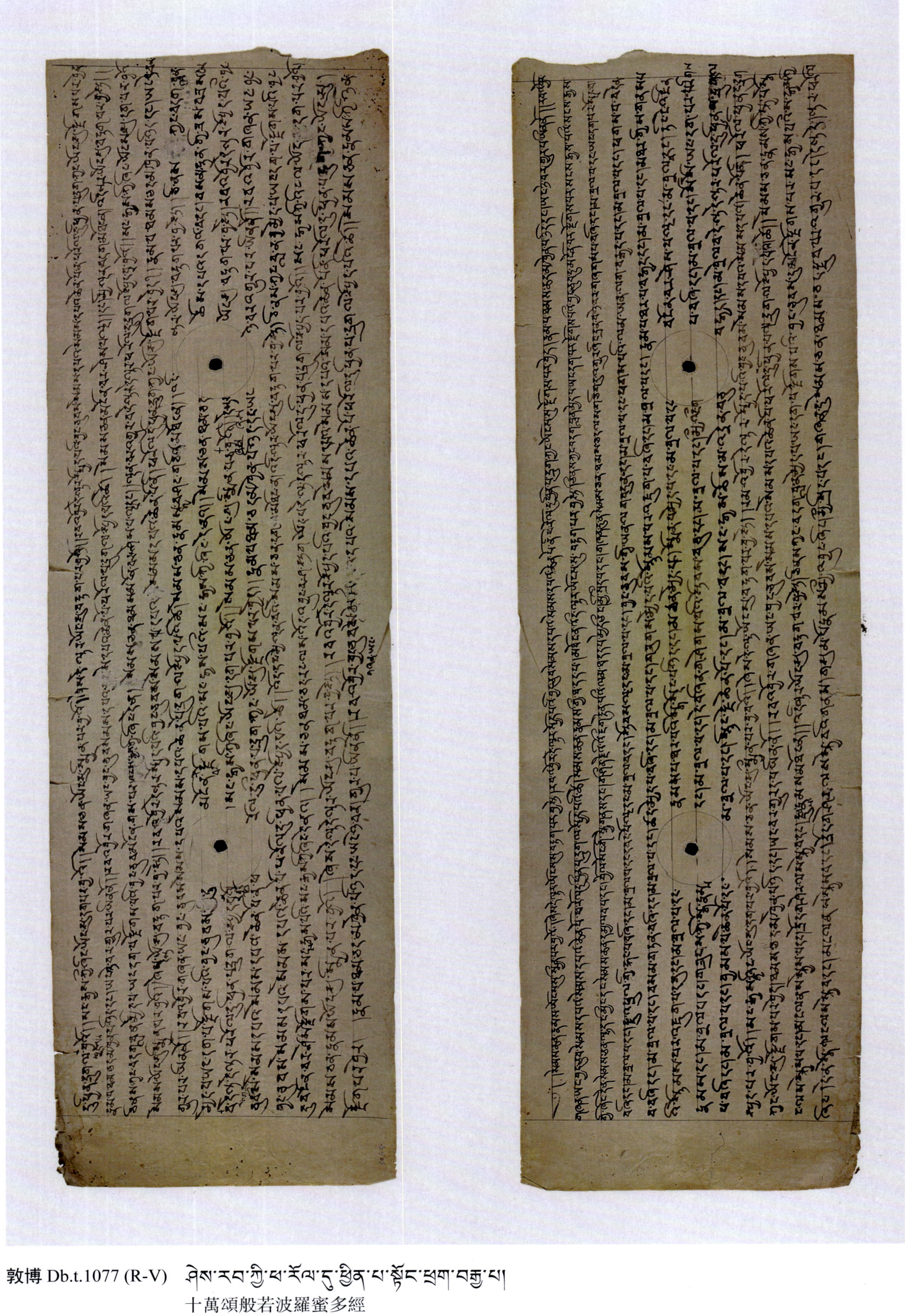

敦博 Db.t.1077 (R-V) ཤེས་རབ་ཀྱི་ཕ་རོལ་ཏུ་ཕྱིན་པ་སྟོང་ཕྲག་བརྒྱ་པ།
十萬頌般若波羅蜜多經

敦博 Db.t.1078 (R-V)　ཤེས་རབ་ཀྱི་ཕ་རོལ་དུ་ཕྱིན་པ་སྟོང་ཕྲག་བརྒྱ་པ།
十萬頌般若波羅蜜多經

敦博 Db.t.1079 (R-V)　ཤེས་རབ་ཀྱི་ཕ་རོལ་ཏུ་ཕྱིན་པ་སྟོང་ཕྲག་བརྒྱ་པ།
十萬頌般若波羅蜜多經

敦博 Db.t.1080 (R-V) ཤེས་རབ་ཀྱི་ཕ་རོལ་དུ་ཕྱིན་པ་སྟོང་ཕྲག་བརྒྱ་པ་དུམ་བུ་གསུམ་པ་བམ་པོ་དྲུག་ཅུ་རྩ་དྲུག་གོ།།

十萬頌般若波羅蜜多經第三卷第六十六品

敦博 Db.t.1081 (R-V) ཤེས་རབ་ཀྱི་ཕ་རོལ་དུ་ཕྱིན་པ་སྟོང་ཕྲག་བརྒྱད་པ་དུམ་བུ་དང་པོ་བམ་པོ་བཞི་བཅུ་བདུན་ནོ།།

十萬頌般若波羅蜜多經第一卷第四十七品

敦博 Db.t.1082 (R-V)　ཤེས་རབ་ཀྱི་ཕ་རོལ་དུ་ཕྱིན་པ་སྟོང་ཕྲག་བརྒྱ་པ།
十萬頌般若波羅蜜多經

敦博 Db.t.1083 (R-V)　ཤེས་རབ་ཀྱི་ཕ་རོལ་ཏུ་ཕྱིན་པ་སྟོང་ཕྲག་བརྒྱ་པ་དུམ་བུ་གཉིས་པ་བམ་པོ་བདུན་བཅུ་གཅིག་དང་བདུན་
བཅུ་གཉིས་སོ།།

十萬頌般若波羅蜜多經第二卷第七十一、七十二品

敦博 Db.t.1084 (R-V)　ཤེས་རབ་ཀྱི་ཕ་རོལ་དུ་ཕྱིན་པ་སྟོང་ཕྲག་བརྒྱ་པ།
十萬頌般若波羅蜜多經

敦博 Db.t.1085 (R-V)　ཤེས་རབ་ཀྱི་པ་རོལ་དུ་ཕྱིན་པ་སྟོང་ཕྲག་བརྒྱ་པ།
十萬頌般若波羅蜜多經

敦博 Db.t.1086 (R-V)　ཤེས་རབ་ཀྱི་ཕ་རོལ་དུ་ཕྱིན་པ་སྟོང་ཕྲག་བརྒྱ་པ།
十萬頌般若波羅蜜多經

敦博 Db.t.1087 (R-V)　ཤེས་རབ་ཀྱི་ཕ་རོལ་ཏུ་ཕྱིན་པ་སྟོང་ཕྲག་བརྒྱ་པ།

十萬頌般若波羅蜜多經

204

敦博 Db.t.1088 (R-V)　ཤེས་རབ་ཀྱི་ཕ་རོལ་ཏུ་ཕྱིན་པ་སྟོང་ཕྲག་བརྒྱ་པ་དུམ་བཞི་པ་བམ་པོ་སུམ་ཅུ་བརྒྱད་དང་སུམ་ཅུ་དགུ་འོ།།
十萬頌般若波羅蜜多經第四卷第三十八、三十九品

敦博 Db.t.1089 (R-V)　ཤེས་རབ་ཀྱི་ཕ་རོལ་དུ་ཕྱིན་པ་སྟོང་ཕྲག་བརྒྱ་པ།
十萬頌般若波羅蜜多經　　(2—1)

敦博 Db.t.1089 (R-V)　ཤེས་རབ་ཀྱི་ཕ་རོལ་དུ་ཕྱིན་པ་སྟོང་ཕྲག་བརྒྱ་པ།
十萬頌般若波羅蜜多經　　(2—2)

敦博 Db.t.1090 (R-V)　ཤེས་རབ་ཀྱི་ཕ་རོལ་དུ་ཕྱིན་པ་སྟོང་ཕྲག་བརྒྱ་པ།
十萬頌般若波羅蜜多經

敦博 Db.t.1091 (R-V)　ཤེས་རབ་ཀྱི་ཕ་རོལ་དུ་ཕྱིན་པ་སྟོང་ཕྲག་བརྒྱ་པ།
十萬頌般若波羅蜜多經

敦博 Db.t.1092 (R-V)  ཤེས་རབ་ཀྱི་ཕ་རོལ་དུ་ཕྱིན་པ་སྟོང་ཕྲག་བརྒྱ་པ།
十萬頌般若波羅蜜多經　　(4—1)

敦博 Db.t.1092 (R-V)　ཤེས་རབ་ཀྱི་ཕ་རོལ་ཏུ་ཕྱིན་པ་སྟོང་ཕྲག་བརྒྱ་པ།

十萬頌般若波羅蜜多經　　(4—2)

敦博 Db.t.1092 (R-V) ཤེས་རབ་ཀྱི་ཕ་རོལ་དུ་ཕྱིན་པ་སྟོང་ཕྲག་བརྒྱ་པ།

十萬頌般若波羅蜜多經　　(4—3)

敦博 Db.t.1092 (R-V)　ཤེས་རབ་ཀྱི་པ་རོལ་དུ་ཕྱིན་པ་སྟོང་ཕྲག་བརྒྱ་པ།
十萬頌般若波羅蜜多經　　(4—4)

敦博 Db.t.1093 (R-V)　ཤེས་རབ་ཀྱི་ཕ་རོལ་དུ་ཕྱིན་པ་སྟོང་ཕྲག་བརྒྱ་པ།

十萬頌般若波羅蜜多經　　(5—1)

敦博 Db.t.1093 (R-V)　ཤེས་རབ་ཀྱི་ཕ་རོལ་དུ་ཕྱིན་པ་སྟོང་ཕྲག་བརྒྱ་པ།

十萬頌般若波羅蜜多經　　(5—2)

敦博 Db.t.1093 (R-V)　ཤེས་རབ་ཀྱི་ཕ་རོལ་དུ་ཕྱིན་པ་སྟོང་ཕྲག་བརྒྱ་པ།
十萬頌般若波羅蜜多經　　(5—3)

敦博 Db.t.1093 (R-V)　ཤེས་རབ་ཀྱི་ཕ་རོལ་དུ་ཕྱིན་པ་སྟོང་ཕྲག་བརྒྱ་པ།
十萬頌般若波羅蜜多經　　(5—4)

敦博 Db.t.1093 (R-V)　ཤེས་རབ་ཀྱི་ཕ་རོལ་ཏུ་ཕྱིན་པ་སྟོང་ཕྲག་བརྒྱ་པ།

十萬頌般若波羅蜜多經　　(5—5)

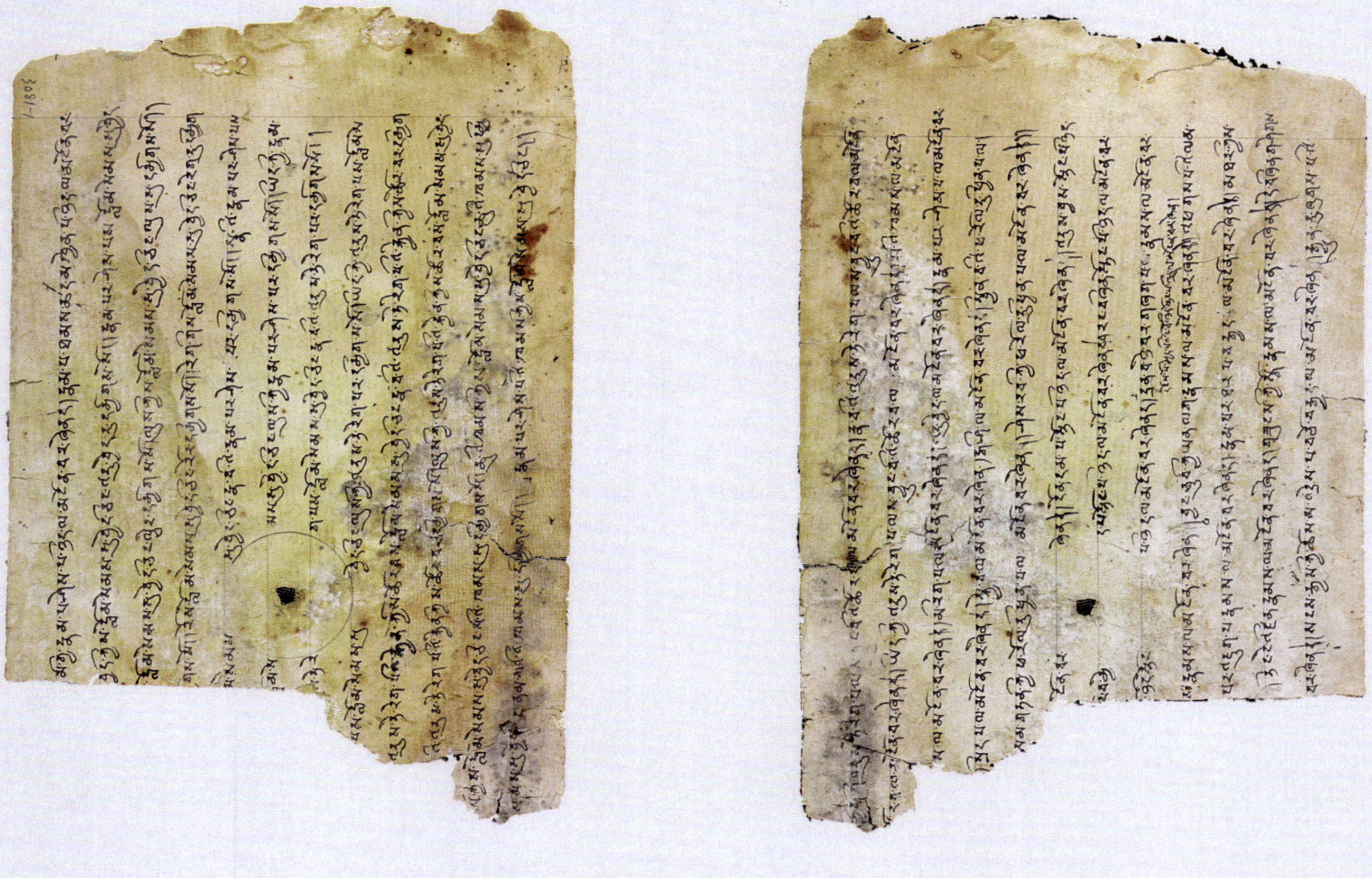

敦博 Db.t.1094 (R-V) ཤེས་རབ་ཀྱི་ཕ་རོལ་ཏུ་ཕྱིན་པ་སྟོང་ཕྲག་བརྒྱ་པ།
十萬頌般若波羅蜜多經 (3—1)

敦博 Db.t.1094 (R-V)　ཤེས་རབ་ཀྱི་ཕ་རོལ་དུ་ཕྱིན་པ་སྟོང་ཕྲག་བརྒྱ་པ།

十萬頌般若波羅蜜多經　　(3—2)

敦博 Db.t.1094 (R-V)　ཤེས་རབ་ཀྱི་ཕ་རོལ་དུ་ཕྱིན་པ་སྟོང་ཕྲག་བརྒྱ་པ།
十萬頌般若波羅蜜多經　　(3—3)

敦博 Db.t.1095 (R-V)　ཤེས་རབ་ཀྱི་ཕ་རོལ་དུ་ཕྱིན་པ་སྟོང་ཕྲག་བརྒྱ་པ།

十萬頌般若波羅蜜多經

敦博 Db.t.1096 (R-V)　ཤེས་རབ་ཀྱི་ཕ་རོལ་དུ་ཕྱིན་པ་སྟོང་ཕྲག་བརྒྱ་པ།

十萬頌般若波羅蜜多經

敦博 Db.t.1097 (R-V)　ཤེས་རབ་ཀྱི་ཕ་རོལ་ཏུ་ཕྱིན་པ་སྟོང་ཕྲག་བརྒྱ་པ།

十萬頌般若波羅蜜多經

敦博 Db.t.1098 (R-V)　ཤེས་རབ་ཀྱི་ཕ་རོལ་དུ་ཕྱིན་པ་སྟོང་ཕྲག་བརྒྱ་པ།

十萬頌般若波羅蜜多經

敦博 Db.t.1099 (R-V)　ཤེས་རབ་ཀྱི་ཕ་རོལ་དུ་ཕྱིན་པ་སྟོང་ཕྲག་བརྒྱ་པ།
十萬頌般若波羅蜜多經

敦博 Db.t.1100 (R-V)　ཤེས་རབ་ཀྱི་ཕ་རོལ་དུ་ཕྱིན་པ་སྟོང་ཕྲག་བརྒྱ་པ།
十萬頌般若波羅蜜多經

敦博 Db.t.1101 (R-V) ཤེས་རབ་ཀྱི་ཕ་རོལ་ཏུ་ཕྱིན་པ་སྟོང་ཕྲག་བརྒྱ་པ་དུམ་བཞི་པ་བམ་པོ་དྲུག་ཅུ་རྩ་དྲུག་གོ།།།

十萬頌般若波羅蜜多經第四卷第六十六品

228

敦博 Db.t.1102 (R-V) ཤེས་རབ་ཀྱི་ཕ་རོལ་དུ་ཕྱིན་པ་སྟོང་ཕྲག་བརྒྱ་པ།
十萬頌般若波羅蜜多經

敦博 Db.t.1103 (R-V)　ཤེས་རབ་ཀྱི་ཕ་རོལ་དུ་ཕྱིན་པ་སྟོང་ཕྲག་བརྒྱ་པ།

十萬頌般若波羅蜜多經

敦博 Db.t.1104 (R-V)　མཛོད་བྱང་།
題記

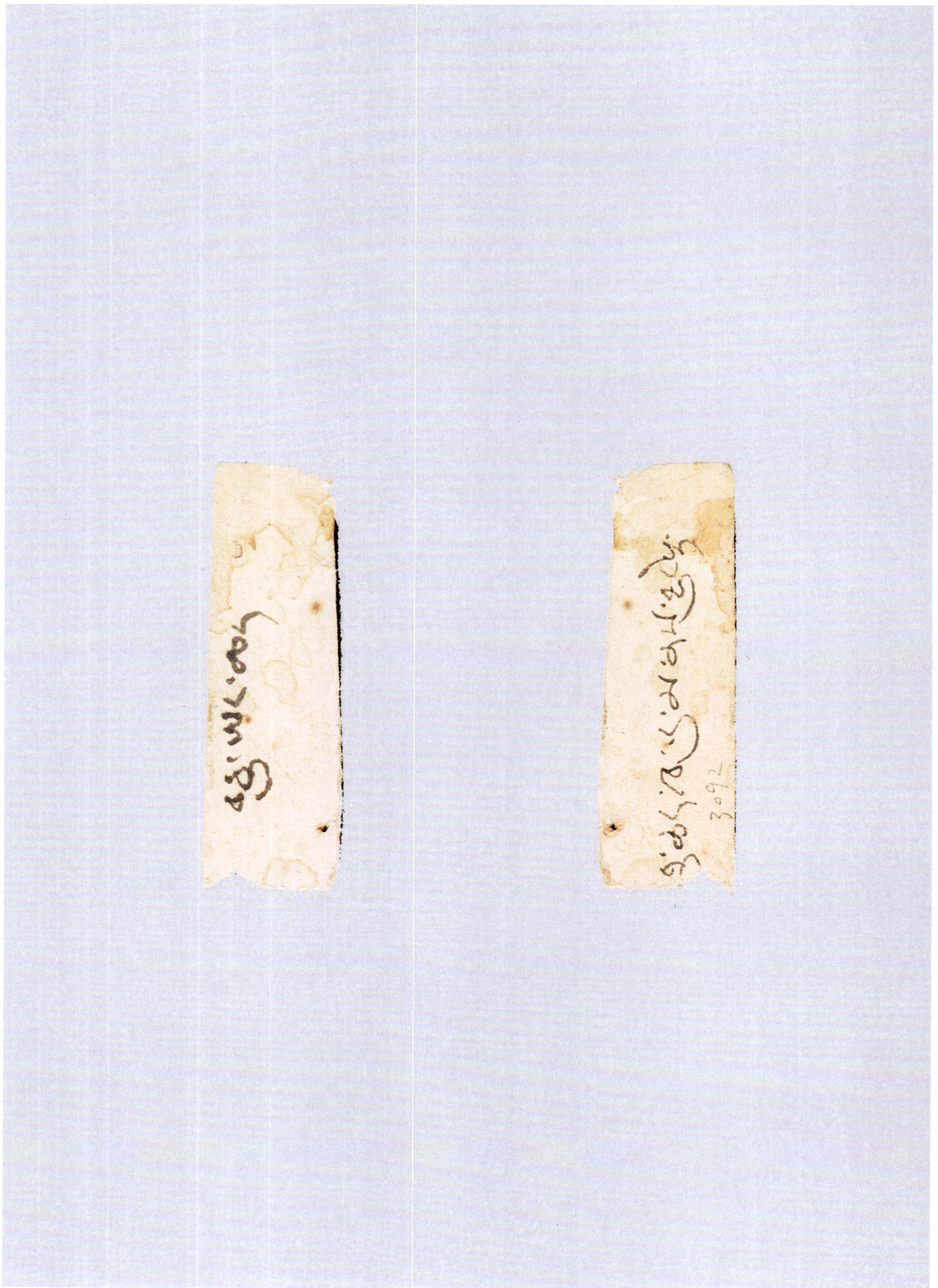

敦博 Db.t.1105 (R-V)　མཛོད་བྱང་།
題記

敦博 Db.t.1106 (R-V)　མཛོད་བྱང་།
题記

敦博 Db.t.1107 (R-V)　ཤེས་རབ་ཀྱི་ཕ་རོལ་དུ་ཕྱིན་པ་སྟོང་ཕྲག་བརྒྱ་པ།
十萬頌般若波羅蜜多經　　(2—1)

敦博 Db.t.1107 (R-V)　ཤེས་རབ་ཀྱི་ཕ་རོལ་དུ་ཕྱིན་པ་སྟོང་ཕྲག་བརྒྱ་པ།

十萬頌般若波羅蜜多經　　(2—2)

敦博 Db.t.1108 (R-V)　ཤེས་རབ་ཀྱི་ཕ་རོལ་ཏུ་ཕྱིན་པའ། །སྟོང་ཕྲག་བརྒྱའ་པ་ལས་སྡུད་པ་འི་ཚིགས་སུ་བཅད་པ་འི་ལེའུ།།

薄伽梵母十萬頌般若波羅蜜多經之總括諷頌會

236

敦博 Db.t.1109 (R-V)　ཤེས་རབ་ཀྱི་ཕ་རོལ་དུ་ཕྱིན་པ་སྟོང་ཕྲག་བརྒྱ་པ།
十萬頌般若波羅蜜多經　　(5—1)

敦博 Db.t.1109 (R-V)　ཤེས་རབ་ཀྱི་ཕ་རོལ་དུ་ཕྱིན་པ་སྟོང་ཕྲག་བརྒྱ་པ།
十萬頌般若波羅蜜多經　　(5—2)

敦博 Db.t.1109 (R-V)　ཤེས་རབ་ཀྱི་ཕ་རོལ་དུ་ཕྱིན་པ་སྟོང་ཕྲག་བརྒྱ་པ།

十萬頌般若波羅蜜多經　　(5—3)

敦博 Db.t.1109 (R-V)　ཤེས་རབ་ཀྱི་ཕ་རོལ་དུ་ཕྱིན་པ་སྟོང་ཕྲག་བརྒྱ་པ།
十萬頌般若波羅蜜多經　　(5—4)

敦博 Db.t.1109 (R-V)　ཤེས་རབ་ཀྱི་ཕ་རོལ་དུ་ཕྱིན་པ་སྟོང་ཕྲག་བརྒྱ་པ།

十萬頌般若波羅蜜多經　　(5—5)

敦博 Db.t.1110 (R-V) ཤེས་རབ་ཀྱི་ཕ་རོལ་ཏུ་ཕྱིན་པ་སྟོང་ཕྲག་བརྒྱ་པ་དུམ་བུ་གསུམ་པ་བམ་པོ། རྒྱ་ཚུ་དགུ་བོ།།

十萬頌般若波羅蜜多經第三卷第六十九品

敦博 Db.t.1111 (R-V)　ཤེས་རབ་ཀྱི་ཕ་རོལ་ཏུ་ཕྱིན་པ་སྟོང་ཕྲག་བརྒྱ་པ་དུམ་བུ་དང་པོ་བམ་པོ་གཉིས་སོ།།

十萬頌般若波羅蜜多經第一卷第二品

敦博 Db.t.1112 (R-V)　ཤེས་རབ་ཀྱི་ཕ་རོལ་དུ་ཕྱིན་པ་སྟོང་ཕྲག་བརྒྱ་པ།
十萬頌般若波羅蜜多經　　(8—1)

敦博 Db.t.1112 (R-V)　ཤེས་རབ་ཀྱི་ཕ་རོལ་དུ་ཕྱིན་པ་སྟོང་ཕྲག་བརྒྱ་པ།

十萬頌般若波羅蜜多經　　(8—2)

敦博 Db.t.1112 (R-V)　ཤེས་རབ་ཀྱི་ཕ་རོལ་དུ་ཕྱིན་པ་སྟོང་ཕྲག་བརྒྱ་པ།

十萬頌般若波羅蜜多經　　(8—3)

敦博 Db.t.1112 (R-V)　ཤེས་རབ་ཀྱི་ཕ་རོལ་དུ་ཕྱིན་པ་སྟོང་ཕྲག་བརྒྱ་པ།
十萬頌般若波羅蜜多經　　(8—4)

敦博 Db.t.1112 (R-V)　ཤེས་རབ་ཀྱི་ཕ་རོལ་ཏུ་ཕྱིན་པ་སྟོང་ཕྲག་བརྒྱ་པ།

十萬頌般若波羅蜜多經　　(8—5)

敦博 Db.t.1112 (R-V)　ཤེས་རབ་ཀྱི་ཕ་རོལ་དུ་ཕྱིན་པ་སྟོང་ཕྲག་བརྒྱ་པ།

十萬頌般若波羅蜜多經　　(8—6)

敦博 Db.t.1112 (R-V)　ཤེས་རབ་ཀྱི་ཕ་རོལ་དུ་ཕྱིན་པ་སྟོང་ཕྲག་བརྒྱ་པ།

十萬頌般若波羅蜜多經　　　(8—7)

敦博 Db.t.1112 (R-V)　ཤེས་རབ་ཀྱི་ཕ་རོལ་ཏུ་ཕྱིན་པ་སྟོང་ཕྲག་བརྒྱ་པ།

十萬頌般若波羅蜜多經　　(8—8)

敦博 Db.t.1113 (R-V)　ཤེས་རབ་ཀྱི་ཕ་རོལ་དུ་ཕྱིན་པ་སྟོང་ཕྲག་བརྒྱ་པ།

十萬頌般若波羅蜜多經　　(4—1)

敦博 Db.t.1113 (R-V)　ཤེས་རབ་ཀྱི་ཕ་རོལ་དུ་ཕྱིན་པ་སྟོང་ཕྲག་བརྒྱ་པ།

十萬頌般若波羅蜜多經　　(4—2)

敦博 Db.t.1113 (R-V)　ཤེས་རབ་ཀྱི་ཕ་རོལ་དུ་ཕྱིན་པ་སྟོང་ཕྲག་བརྒྱ་པ།

十萬頌般若波羅蜜多經　　(4—3)

敦博 Db.t.1113 (R-V)　ཤེས་རབ་ཀྱི་ཕ་རོལ་དུ་ཕྱིན་པ་སྟོང་ཕྲག་བརྒྱ་པ།

十萬頌般若波羅蜜多經　　(4—4)

敦博 Db.t.1114 (R-V)　ཤེས་རབ་ཀྱི་ཕ་རོལ་ཏུ་ཕྱིན་པ་སྟོང་ཕྲག་བརྒྱ་པ།

十萬頌般若波羅蜜多經　　(6—1)

敦博 Db.t.1114 (R-V)　ཤེས་རབ་ཀྱི་ཕ་རོལ་དུ་ཕྱིན་པ་སྟོང་ཕྲག་བརྒྱ་པ།

十萬頌般若波羅蜜多經　　(6—2)

敦博 Db.t.1114 (R-V)　ཤེས་རབ་ཀྱི་ཕ་རོལ་དུ་ཕྱིན་པ་སྟོང་ཕྲག་བརྒྱ་པ།
十萬頌般若波羅蜜多經　　　(6—3)

258

敦博 Db.t.1114 (R-V)　ཤེས་རབ་ཀྱི་ཕ་རོལ་དུ་ཕྱིན་པ་སྟོང་ཕྲག་བརྒྱ་པ།

十萬頌般若波羅蜜多經　　(6—4)

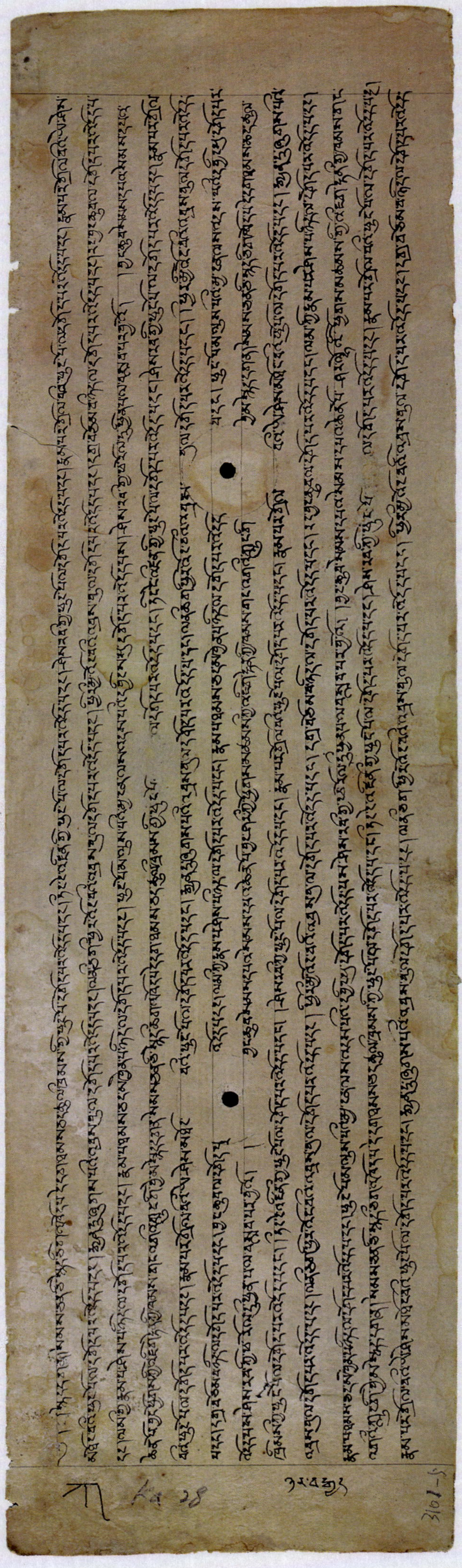

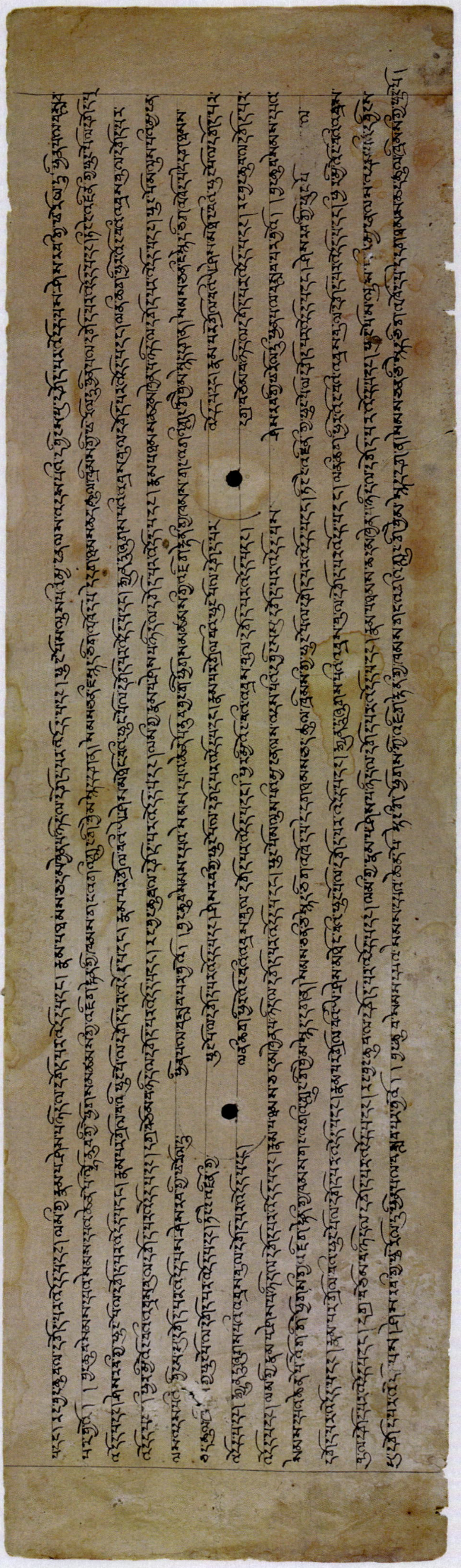

敦博 Db.t.1114 (R-V) ཤེས་རབ་ཀྱི་ཕ་རོལ་ཏུ་ཕྱིན་པ་སྟོང་ཕྲག་བརྒྱ་པ།
十萬頌般若波羅蜜多經 (6—5)

敦博 Db.t.1114 (R-V)　ཤེས་རབ་ཀྱི་ཕ་རོལ་ཏུ་ཕྱིན་པ་སྟོང་ཕྲག་བརྒྱ་པ།

十萬頌般若波羅蜜多經　　(6—6)

敦博 Db.t.1115 (R-V)　ཤེས་རབ་ཀྱི་ཕ་རོལ་དུ་ཕྱིན་པ་སྟོང་ཕྲག་བརྒྱ་པ།
十萬頌般若波羅蜜多經　　(4—1)

敦博 Db.t.1115 (R-V)　ཤེས་རབ་ཀྱི་ཕ་རོལ་ཏུ་ཕྱིན་པ་སྟོང་ཕྲག་བརྒྱ་པ།
十萬頌般若波羅蜜多經　　(4—2)

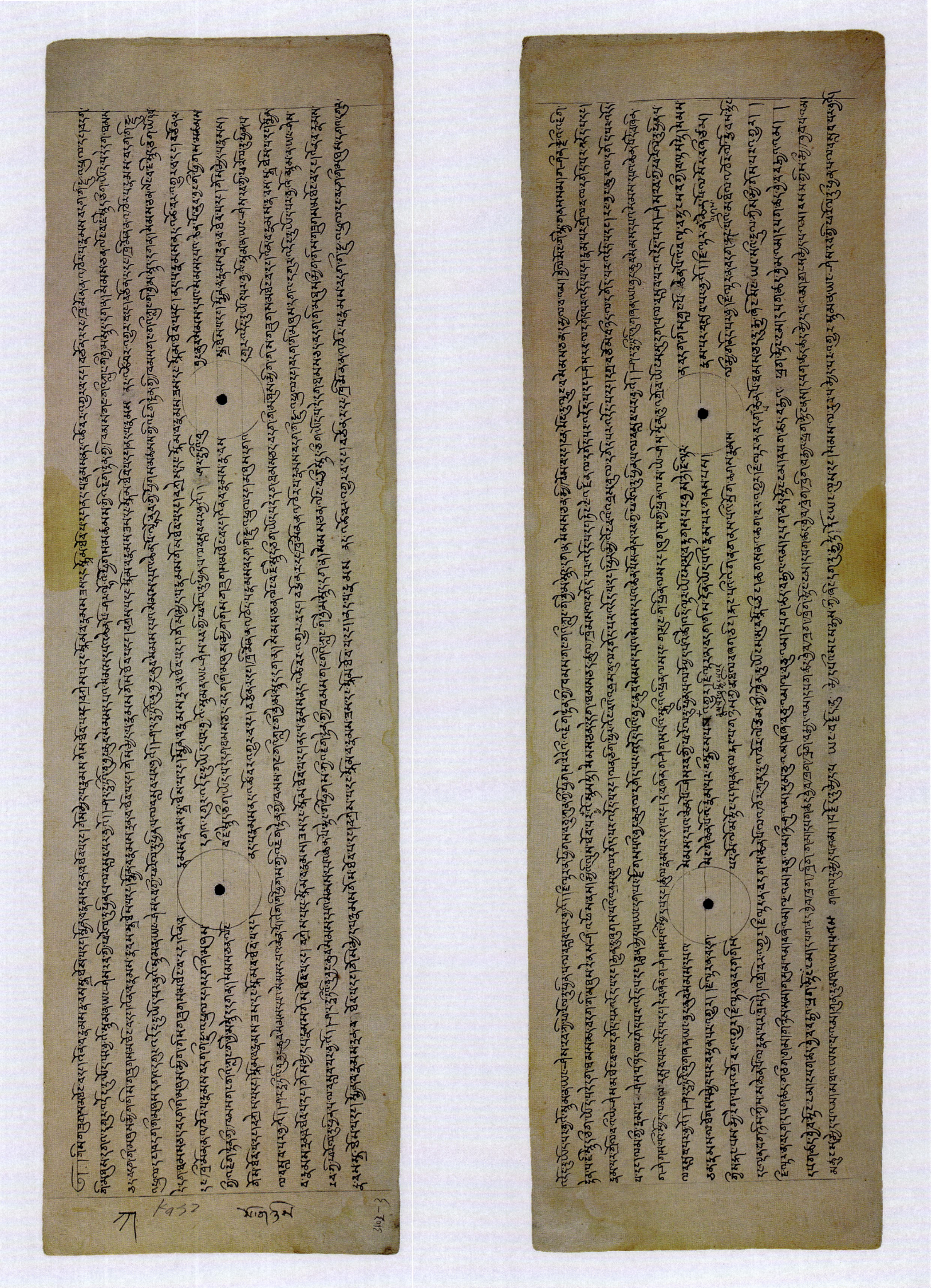

敦博 Db.t.1115 (R-V) ཤེས་རབ་ཀྱི་ཕ་རོལ་ཏུ་ཕྱིན་པ་སྟོང་ཕྲག་བརྒྱ་པ།
十萬頌般若波羅蜜多經 (4—3)

敦博 Db.t.1115 (R-V)　ཤེས་རབ་ཀྱི་ཕ་རོལ་དུ་ཕྱིན་པ་སྟོང་ཕྲག་བརྒྱ་པ།

十萬頌般若波羅蜜多經　　　(4—4)

敦博 Db.t.1116 (R-V) ཤེས་རབ་ཀྱི་ཕ་རོལ་དུ་ཕྱིན་པ་སྟོང་ཕྲག་བརྒྱ་པ་དུམ་བུ་དང་པོ་བམ་པོ་ལྔའོ།།

十萬頌般若波羅蜜多經第一卷第五品　　(8—1)

敦博 Db.t.1116 (R-V)　ཤེས་རབ་ཀྱི་ཕ་རོལ་ཏུ་ཕྱིན་པ་སྟོང་ཕྲག་བརྒྱ་པ་དུམ་བུ་དང་པོ་བམ་པོ་ལྔ་འོ།།

十萬頌般若波羅蜜多經第一卷第五品　　(8—2)

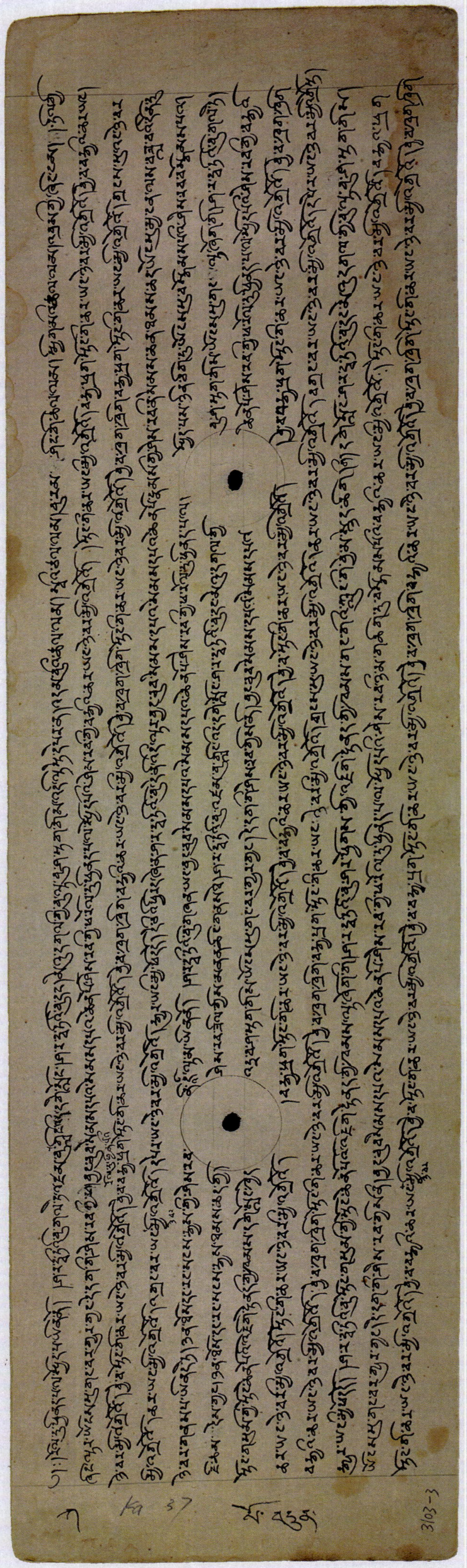

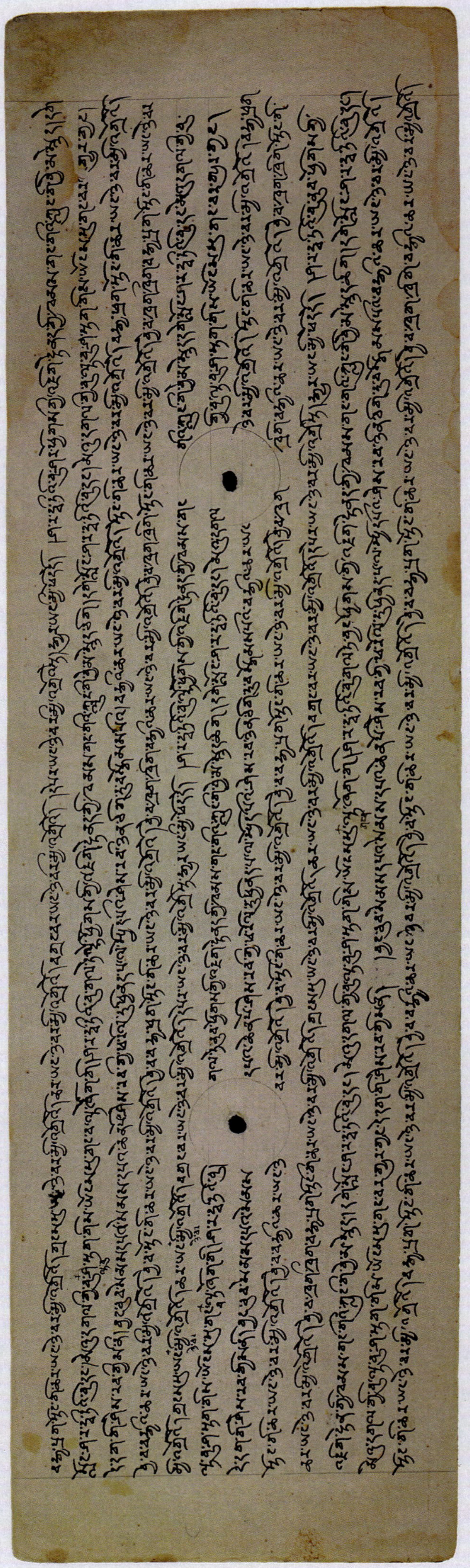

敦博 Db.t.1116 (R-V) ཤེས་རབ་ཀྱི་ཕ་རོལ་ཏུ་ཕྱིན་པ་སྟོང་ཕྲག་བརྒྱའ་པ་དུམ་བུ་དང་པོ་བམ་པོ་ལྔ་པོ།།

十萬頌般若波羅蜜多經第一卷第五品　　(8—3)

敦博 Db.t.1116 (R-V)　ཤེས་རབ་ཀྱི་ཕ་རོལ་དུ་ཕྱིན་པ་སྟོང་ཕྲག་བརྒྱ་པ་དུམ་བུ་དང་པོ་བམ་པོ་ལྔའོ།།

十萬頌般若波羅蜜多經第一卷第五品　　(8—4)

敦博 Db.t.1116 (R-V)　ཤེས་རབ་ཀྱི་ཕ་རོལ་ཏུ་ཕྱིན་པ་སྟོང་ཕྲག་བརྒྱ་པ་དུམ་བུ་དང་པོ་བམ་པོ་ལྔའོ།།

十萬頌般若波羅蜜多經第一卷第五品　　(8—5)

270

敦博 Db.t.1116 (R-V) ཤེས་རབ་ཀྱི་ཕ་རོལ་ཏུ་ཕྱིན་པ་སྟོང་ཕྲག་བརྒྱ་པ་དུམ་བུ་དང་པོ་བམ་པོ་ལྔ་འོ།།
十萬頌般若波羅蜜多經第一卷第五品 　(8—6)

敦博 Db.t.1116 (R-V)  ཤེས་རབ་ཀྱི་ཕ་རོལ་ཏུ་ཕྱིན་པ་སྟོང་ཕྲག་བརྒྱ་པ་དུམ་བུ་དང་པོ་བམ་པོ་ལྔ་པོ།།

十萬頌般若波羅蜜多經第一卷第五品　　（8—7）

272

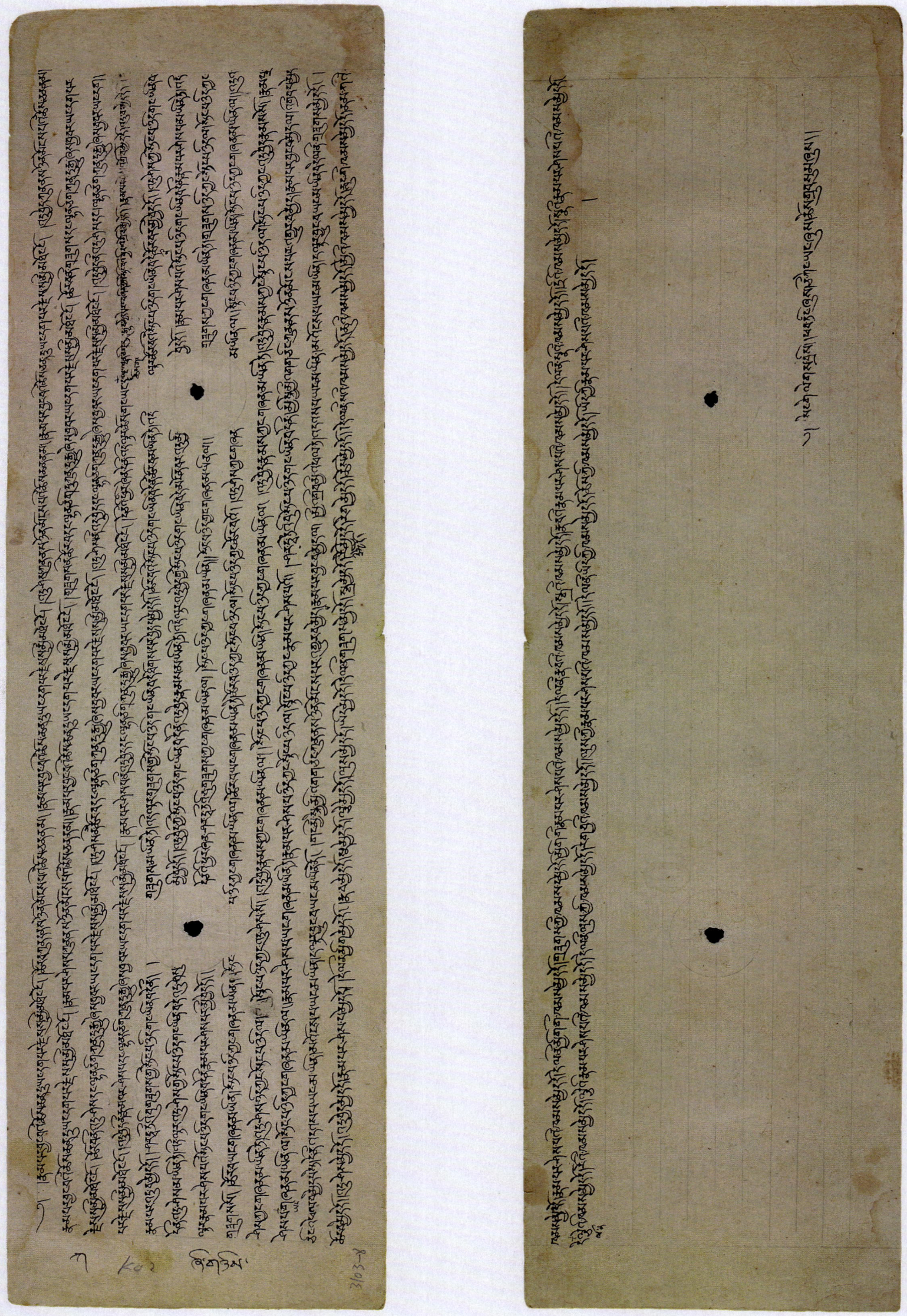

敦博 Db.t.1116 (R-V) ཤེས་རབ་ཀྱི་ཕ་རོལ་ཏུ་ཕྱིན་པ་སྟོང་ཕྲག་བརྒྱ་པ་དུམ་བུ་དང་པོ་བམ་པོ་ལྔ་པོ།།

十萬頌般若波羅蜜多經第一卷第五品 (8—8)

敦博 Db.t.1117 (R-V)    ཤེས་རབ་ཀྱི་ཕ་རོལ་དུ་ཕྱིན་པ་སྟོང་ཕྲག་བརྒྱ་པ་དུམ་བུ་དང་པོའི་བམ་པོ་དྲུག་གོ།།

十萬頌般若波羅蜜多經第一卷第六品     (8—1)

敦博 Db.t.1117 (R-V) ཤེས་རབ་ཀྱི་ཕ་རོལ་ཏུ་ཕྱིན་པ་སྟོང་ཕྲག་བརྒྱ་པ་དུམ་བུ་དང་པོའི་བམ་པོ་དྲུག་གོ།།

十萬頌般若波羅蜜多經第一卷第六品　　（8—2）

敦博 Db.t.1117 (R-V)　ཤེས་རབ་ཀྱི་ཕ་རོལ་དུ་ཕྱིན་པ་སྟོང་ཕྲག་བརྒྱ་པ་དུམ་བུ་དང་པོའ་བམ་པོ་དྲུག་གོ།།
十萬頌般若波羅蜜多經第一卷第六品　　(8—3)

276

敦博 Db.t.1117 (R-V)　ཤེས་རབ་ཀྱི་ཕ་རོལ་ཏུ་ཕྱིན་པ་སྟོང་ཕྲག་བརྒྱ་པ་དུམ་བུ་དང་པོའི་བམ་པོ་དྲུག་གོ།།།
十萬頌般若波羅蜜多經第一卷第六品　　(8—4)

敦博 Db.t.1117 (R-V)　ཤེས་རབ་ཀྱི་ཕ་རོལ་ཏུ་ཕྱིན་པ་སྟོང་ཕྲག་བརྒྱ་པ་དུམ་བུ་དང་པོའི་བམ་པོ་དྲུག་གོ།།།

十萬頌般若波羅蜜多經第一卷第六品　　(8—5)

敦博 Db.t.1117 (R-V)　ཤེས་རབ་ཀྱི་ཕ་རོལ་དུ་ཕྱིན་པ་སྟོང་ཕྲག་བརྒྱ་པ་དུམ་བུ་དང་པོའི་བམ་པོ་དྲུག་གོ།།།
十萬頌般若波羅蜜多經第一卷第六品　　(8—6)

敦博 Db.t.1117 (R-V)　ཤེས་རབ་ཀྱི་ཕ་རོལ་ཏུ་ཕྱིན་པ་སྟོང་ཕྲག་བརྒྱ་པ་དུམ་བུ་དང་པོང་བམ་པོ་དྲུག་གོ །།
十萬頌般若波羅蜜多經第一卷第六品　　(8—7)

敦博 Db.t.1117 (R-V) ཤེས་རབ་ཀྱི་ཕ་རོལ་དུ་ཕྱིན་པ་སྟོང་ཕྲག་བརྒྱ་པ་དུམ་བུ་དང་པོའ་བམ་པོ་དྲུག་གོ།།

十萬頌般若波羅蜜多經第一卷第六品　　(8—8)

敦博 Db.t.1118 (R-V)　ཤེས་རབ་ཀྱི་ཕ་རོལ་དུ་ཕྱིན་པ་སྟོང་ཕྲག་བརྒྱ་པ།

十萬頌般若波羅蜜多經

敦博 Db.t.1119 (R-V) ཤེས་རབ་ཀྱི་ཕ་རོལ་དུ་ཕྱིན་པ་སྟོང་ཕྲག་བརྒྱ་པ་དུམ་བུ་དང་པོ་བམ་པོ་བདུན་ནོ།།

十萬頌般若波羅蜜多經第一卷第七品 (7—1)

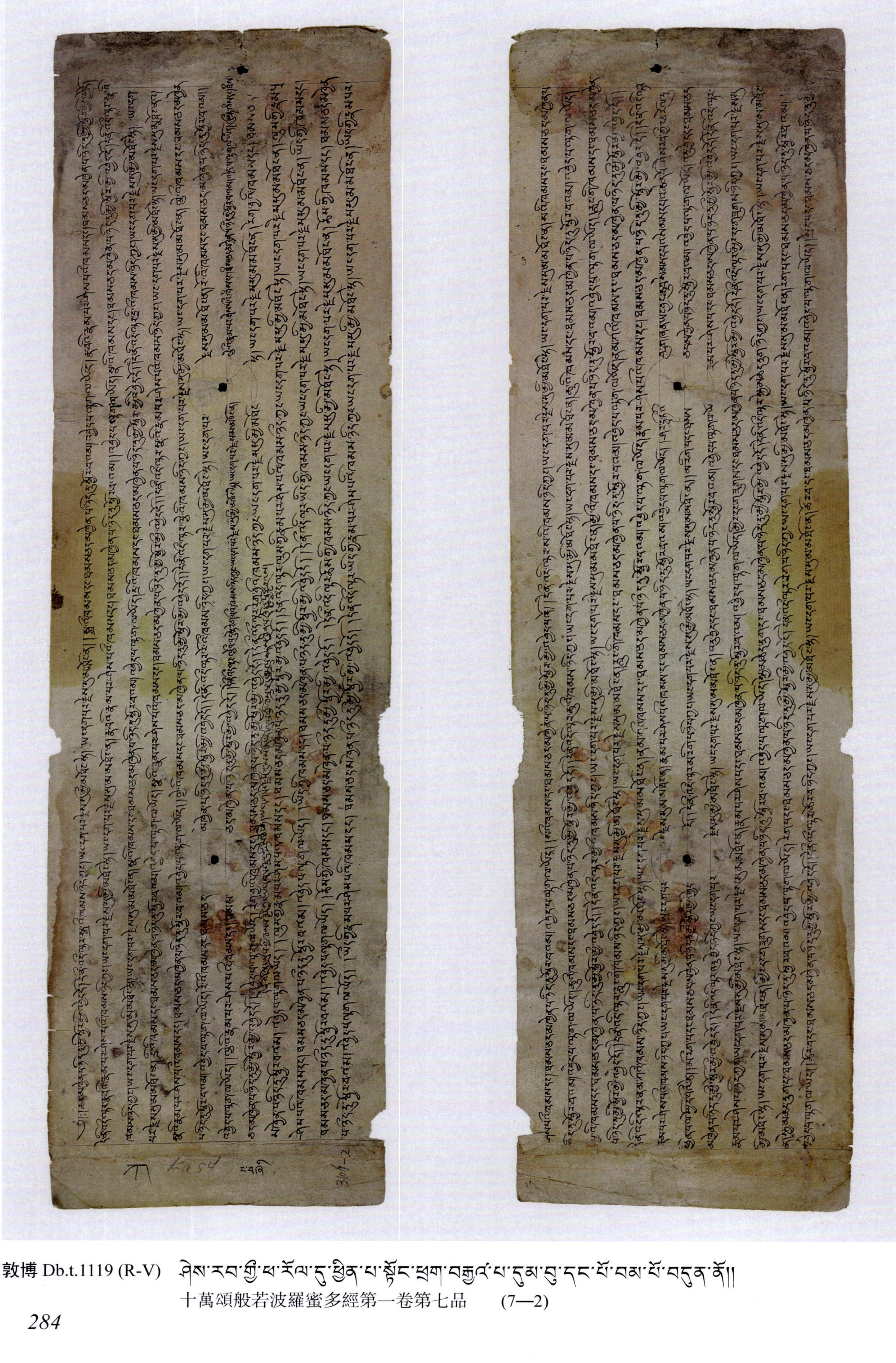

敦博 Db.t.1119 (R-V) ཤེས་རབ་ཀྱི་ཕ་རོལ་ཏུ་ཕྱིན་པ་སྟོང་ཕྲག་བརྒྱ་པ་དུམ་བུ་དང་པོ་བམ་པོ་བདུན་པོ།།
十萬頌般若波羅蜜多經第一卷第七品 (7—2)

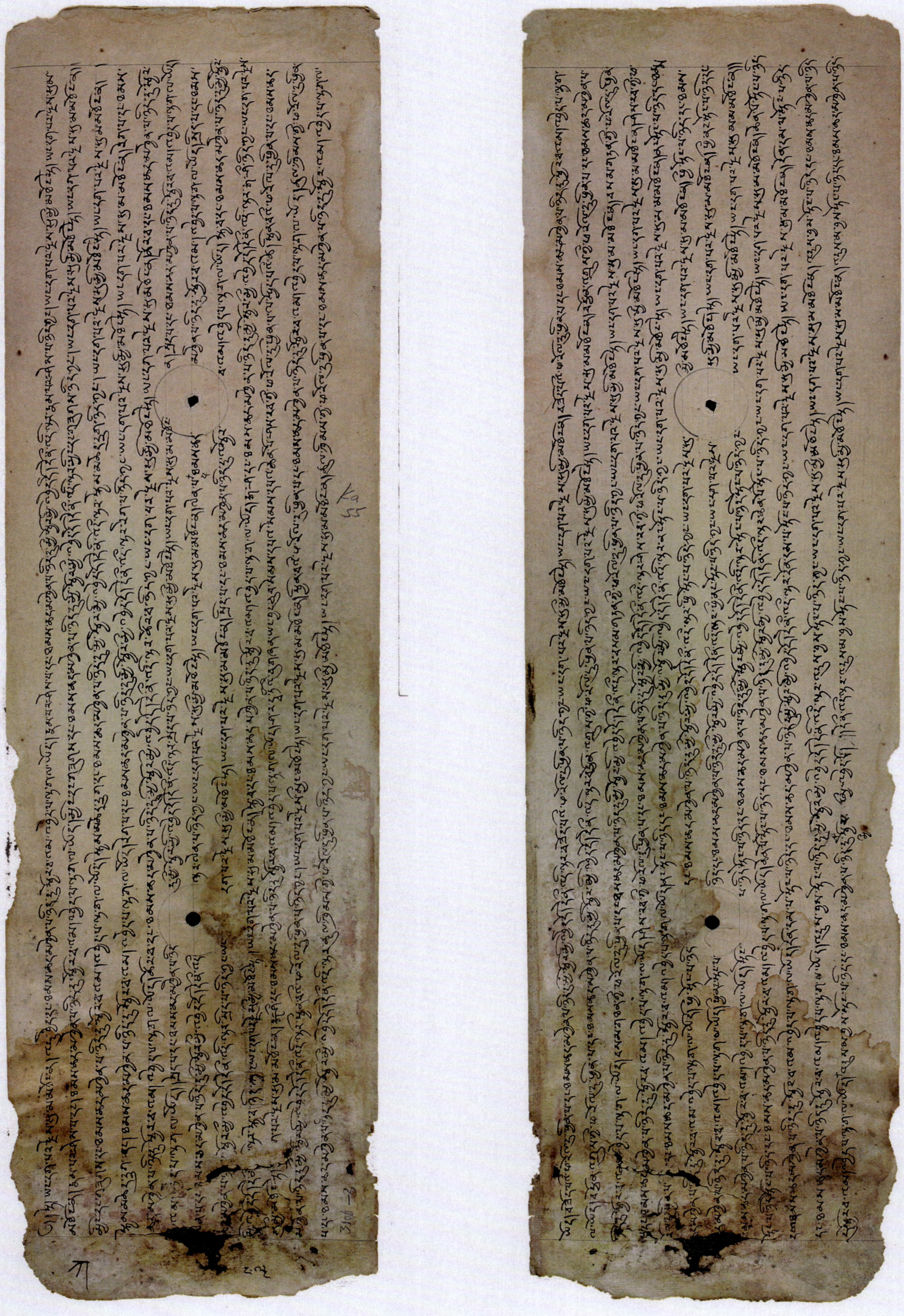

敦博 Db.t.1119 (R-V) ཤེས་རབ་ཀྱི་ཕ་རོལ་ཏུ་ཕྱིན་པ་སྟོང་ཕྲག་བརྒྱ་པ་དུམ་བུ་དང་པོ་བམ་པོ་བདུན་ནོ།།
十萬頌般若波羅蜜多經第一卷第七品 (7—3)

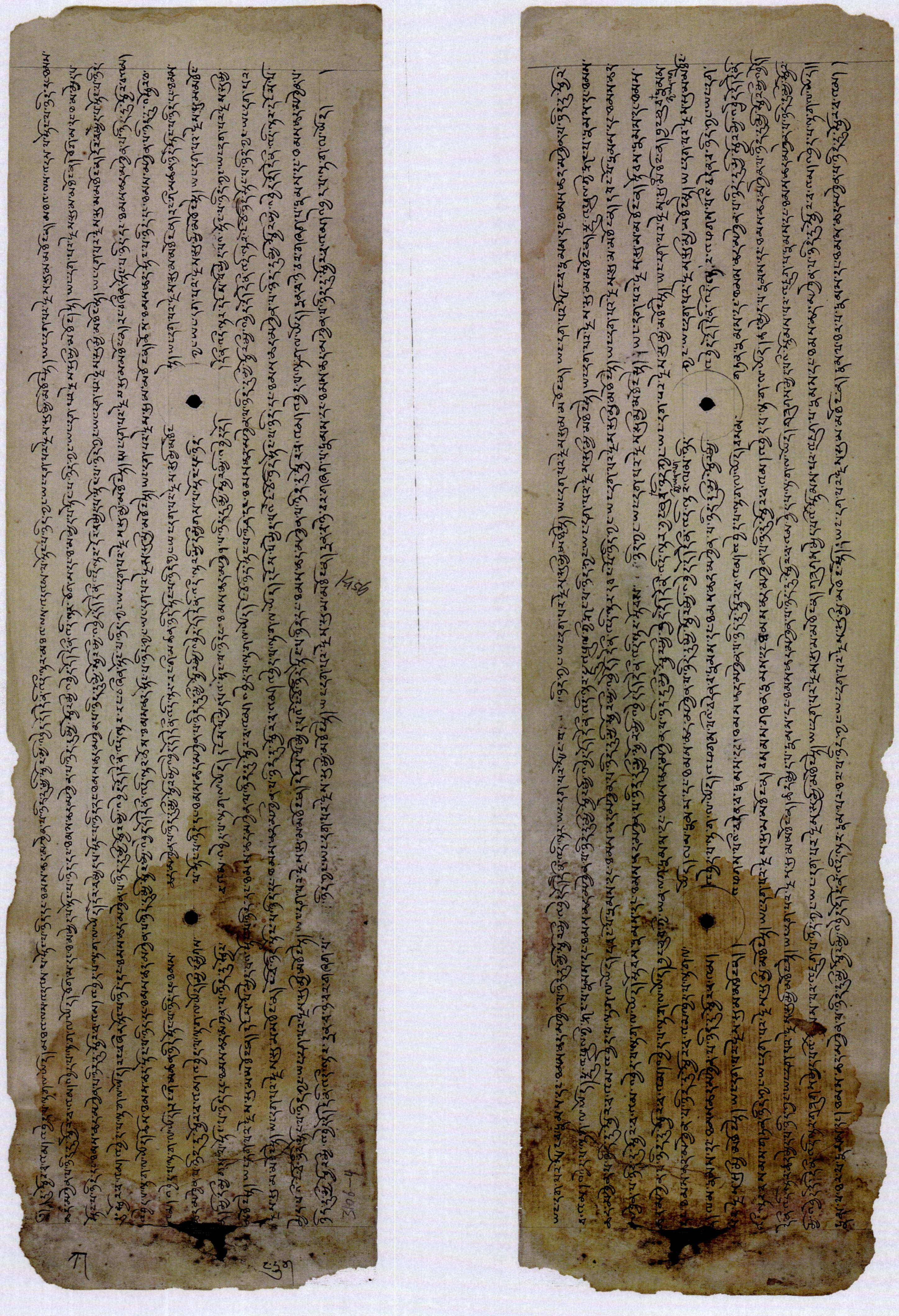

敦博 Db.t.1119 (R-V) ཤེས་རབ་ཀྱི་ཕ་རོལ་དུ་ཕྱིན་པ་སྟོང་ཕྲག་བརྒྱའ་པ་དུམ་བུ་དང་པོ་བམ་པོ་བདུན་ནོ།།
十萬頌般若波羅蜜多經第一卷第七品 (7—4)

敦博 Db.t.1119 (R-V) ཤེས་རབ་ཀྱི་ཕ་རོལ་དུ་ཕྱིན་པ་སྟོང་ཕྲག་བརྒྱའ་པ་དུམ་བུ་དང་པོ་བམ་པོ་བདུན་གོ།།
十萬頌般若波羅蜜多經第一卷第七品　　(7—5)

敦博 Db.t.1119 (R-V)　ཤེས་རབ་ཀྱི་ཕ་རོལ་དུ་ཕྱིན་པ་སྟོང་ཕྲག་བརྒྱ་པ་དུམ་བུ་དང་པོ་བམ་པོ་བདུན་ནོ།།

十萬頌般若波羅蜜多經第一卷第七品　　(7—6)

敦博 Db.t.1119 (R-V) ཤེས་རབ་ཀྱི་ཕ་རོལ་དུ་ཕྱིན་པ་སྟོང་ཕྲག་བརྒྱ་པ་དུམ་བུ་དང་པོ་བམ་པོ་བདུན་ནོ།།
十萬頌般若波羅蜜多經第一卷第七品　　(7—7)

敦博 Db.t.1120 (R-V)　ཤེས་རབ་ཀྱི་ཕ་རོལ་དུ་ཕྱིན་པ་སྟོང་ཕྲག་བརྒྱ་པ་དུམ་བུ་དང་པོ་བམ་པོ་བརྒྱད་དོ།།

十萬頌般若波羅蜜多經第一卷第八品　　(8—1)

敦博 Db.t.1120 (R-V)　ཤེས་རབ་ཀྱི་ཕ་རོལ་དུ་ཕྱིན་པ་སྟོང་ཕྲག་བརྒྱ་པ་དུམ་བུ་དང་པོ་བམ་པོ་བརྒྱད་དོ།།

十萬頌般若波羅蜜多經第一卷第八品　　(8—2)

**敦博** Db.t.1120 (R-V)　ཤེས་རབ་ཀྱི་ཕ་རོལ་ཏུ་ཕྱིན་པ་སྟོང་ཕྲག་བརྒྱ་པ་དུམ་བུ་དང་པོ་བམ་པོ་བརྒྱད་དོ།།

十萬頌般若波羅蜜多經第一卷第八品　　(8—3)

敦博 Db.t.1120 (R-V) ཤེས་རབ་ཀྱི་ཕ་རོལ་ཏུ་ཕྱིན་པ་སྟོང་ཕྲག་བརྒྱ་པ་དུམ་བུ་དང་པོ་བམ་པོ་བརྒྱད་དོ།།

十萬頌般若波羅蜜多經第一卷第八品　　(8—4)

敦博 Db.t.1120 (R-V) ཤེས་རབ་ཀྱི་ཕ་རོལ་ཏུ་ཕྱིན་པ་སྟོང་ཕྲག་བརྒྱ་པ་དུམ་བུ་དང་པོ་བམ་པོ་བརྒྱད་དོ།།

十萬頌般若波羅蜜多經第一卷第八品　　(8—5)

敦博 Db.t.1120 (R-V)　ཤེས་རབ་ཀྱི་ཕ་རོལ་དུ་ཕྱིན་པ་སྟོང་ཕྲག་བརྒྱ་པ་དུམ་བུ་དང་པོ་བམ་པོ་བརྒྱད་དོ།།

十萬頌般若波羅蜜多經第一卷第八品　　(8—6)

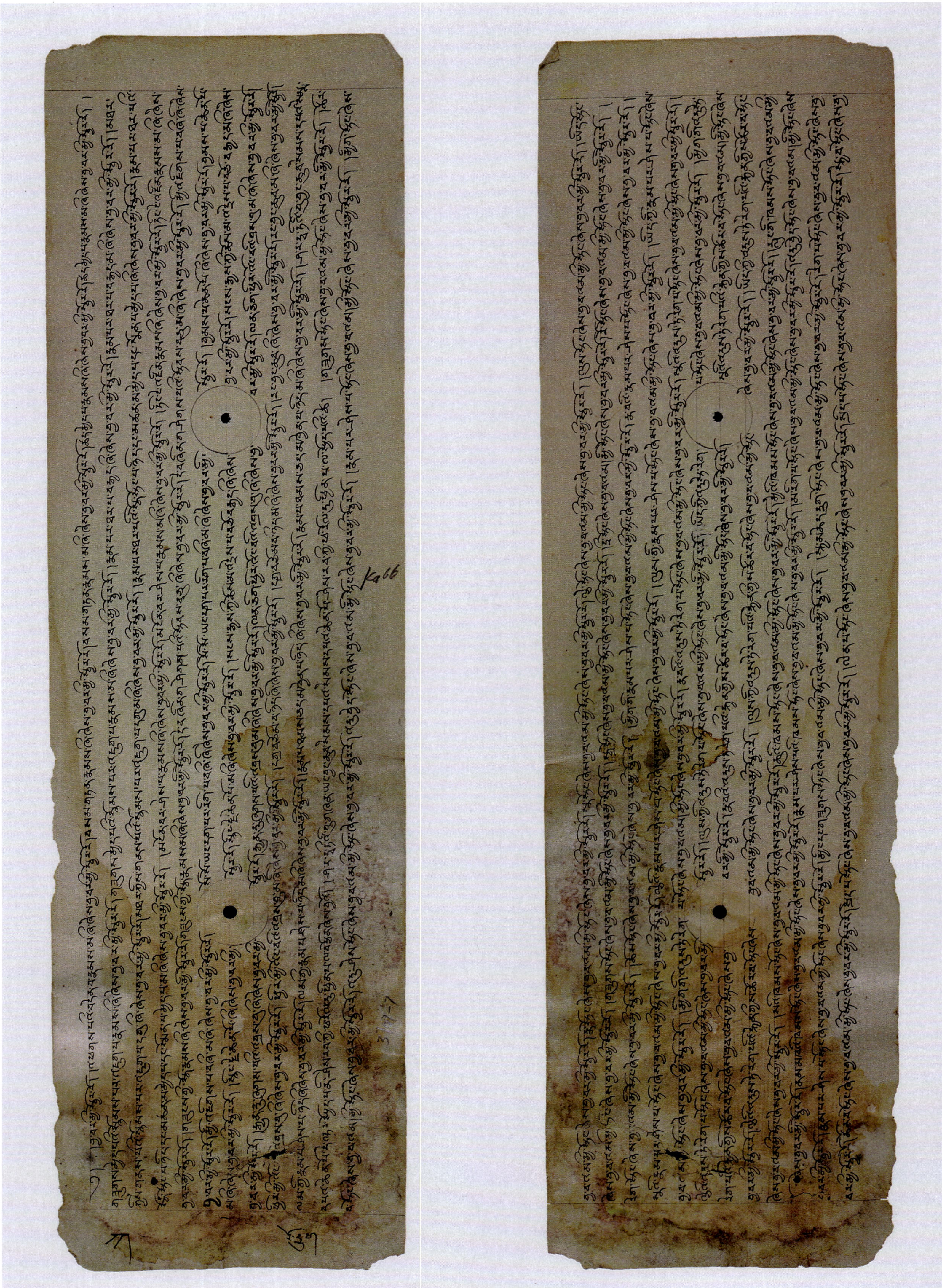

敦博 Db.t.1120 (R-V) ཤེས་རབ་ཀྱི་ཕ་རོལ་ཏུ་ཕྱིན་པ་སྟོང་ཕྲག་བརྒྱ་པ་དུམ་བུ་དང་པོ་བམ་པོ་བརྒྱད་དོ།།
十萬頌般若波羅蜜多經第一卷第八品 (8—7)

敦博 Db.t.1120 (R-V)　ཤེས་རབ་ཀྱི་ཕ་རོལ་དུ་ཕྱིན་པ་སྟོང་ཕྲག་བརྒྱ་པ་དུམ་བུ་དང་པོ་བམ་པོ་བརྒྱད་དོ།།

十萬頌般若波羅蜜多經第一卷第八品　　(8—8)

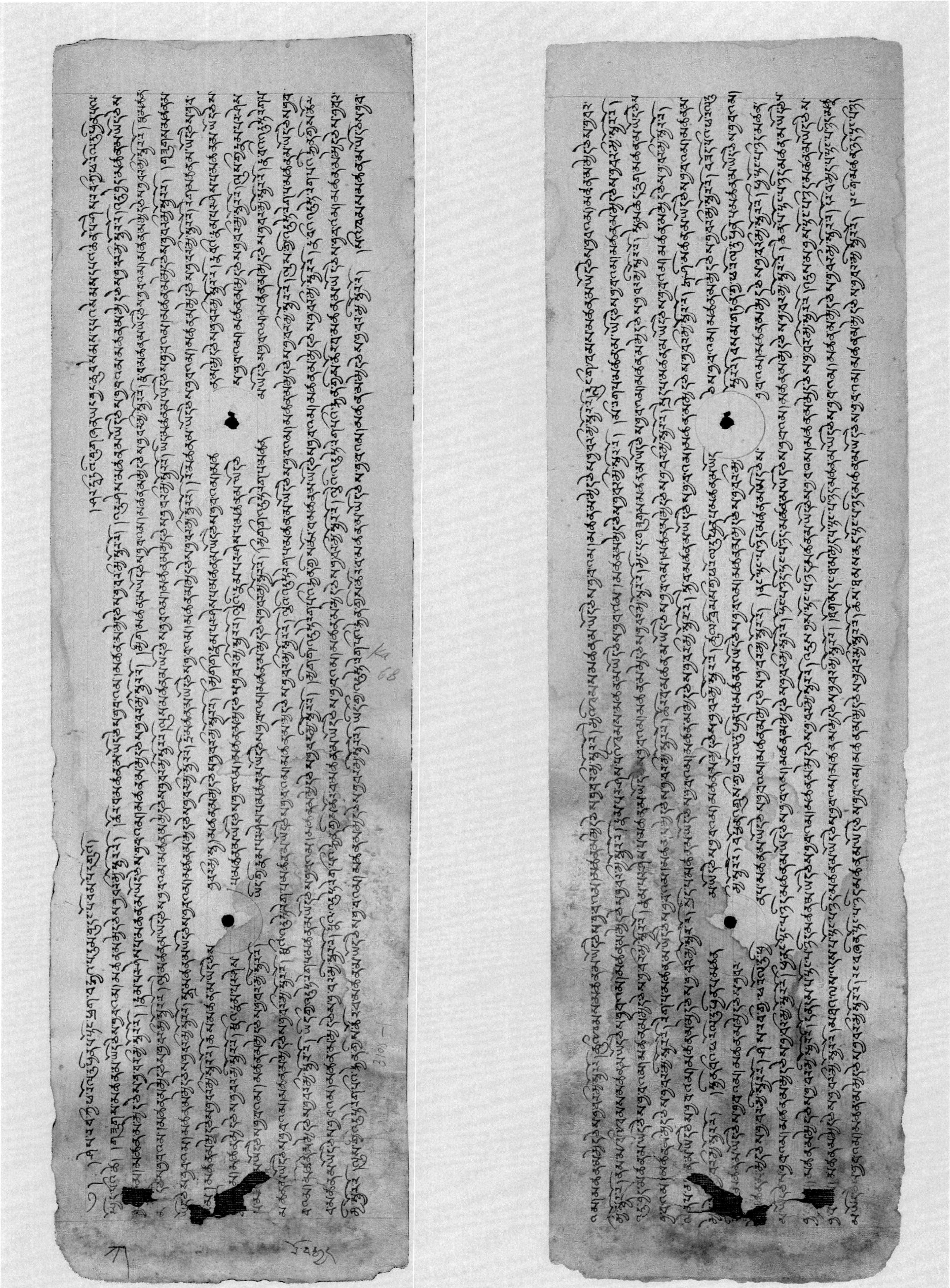

敦博 Db.t.1121 (R-V) ཤེས་རབ་ཀྱི་ཕ་རོལ་ཏུ་ཕྱིན་པ་སྟོང་ཕྲག་བརྒྱ་པ་ཏུམ་བུ་དང་པོ་བམ་པོ་དགུའོ།།
十萬頌般若波羅蜜多經第一卷第九品 (3—1)

敦博 Db.t.1121 (R-V)　ཤེས་རབ་ཀྱི་ཕ་རོལ་ཏུ་ཕྱིན་པ་སྟོང་ཕྲག་བརྒྱད་པ་དུམ་བུ་དང་པོ་བམ་པོ་དགུ་པོ།།

十萬頌般若波羅蜜多經第一卷第九品　　(3—2)

敦博 Db.t.1121 (R-V)　ཤེས་རབ་ཀྱི་ཕ་རོལ་ཏུ་ཕྱིན་པ་སྟོང་ཕྲག་བརྒྱ་པ་དུམ་བུ་དང་པོ་བམ་པོ་དགུའོ།།

十萬頌般若波羅蜜多經第一卷第九品　　（3—3）

敦博 Db.t.1122 (R-V)　ཤེས་རབ་ཀྱི་ཕ་རོལ་དུ་ཕྱིན་པ་སྟོང་ཕྲག་བརྒྱ་པ་དུམ་བུ་དང་པོ་བམ་པོ་བཅུ་གཅིག་གོ།།

敦博 Db.t.1122 (R-V) ཤེས་རབ་ཀྱི་ཕ་རོལ་ཏུ་ཕྱིན་པ་སྟོང་ཕྲག་བརྒྱ་པ་དུམ་བུ་དང་པོ་བམ་པོ་བཅུ་གཅིག་གོ།།

十萬頌般若波羅蜜多經第一卷第十一品　　(8—2)

敦博 Db.t.1122 (R-V) ཤེས་རབ་ཀྱི་ཕ་རོལ་དུ་ཕྱིན་པ་སྟོང་ཕྲག་བརྒྱ་པ་དུམ་བུ་དང་པོ་བམ་པོ་བཅུ་གཅིག་གོ།།།

十萬頌般若波羅蜜多經第一卷第十一品　　(8—3)

敦博 Db.t.1122 (R-V)　ཤེས་རབ་ཀྱི་ཕ་རོལ་དུ་ཕྱིན་པ་སྟོང་ཕྲག་བརྒྱ་པ་དུམ་བུ་དང་པོ་བམ་པོ་བཅུ་གཅིག་གོ།།

十萬頌般若波羅蜜多經第一卷第十一品　　(8—4)

敦博 Db.t.1122 (R-V) ཤེས་རབ་ཀྱི་ཕ་རོལ་ཏུ་ཕྱིན་པ་སྟོང་ཕྲག་བརྒྱ་པ་དུམ་བུ་དང་པོ་བམ་པོ་བཅུ་གཅིག་གོ།།
十萬頌般若波羅蜜多經第一卷第十一品　　(8—5)

敦博 Db.t.1122 (R-V)    ཤེས་རབ་ཀྱི་ཕ་རོལ་དུ་ཕྱིན་པ་སྟོང་ཕྲག་བརྒྱ་པ་དུམ་བུ་དང་པོ་བམ་པོ་བཅུ་གཅིག་གོ།།

十萬頌般若波羅蜜多經第一卷第十一品    (8—6)

敦博 Db.t.1122 (R-V)　ཤེས་རབ་ཀྱི་ཕ་རོལ་ཏུ་ཕྱིན་པ་སྟོང་ཕྲག་བརྒྱ་པ་དུམ་བུ་དང་པོ་བམ་པོ་བཅུ་གཅིག་གོ།།།

十萬頌般若波羅蜜多經第一卷第十一品　　(8—7)

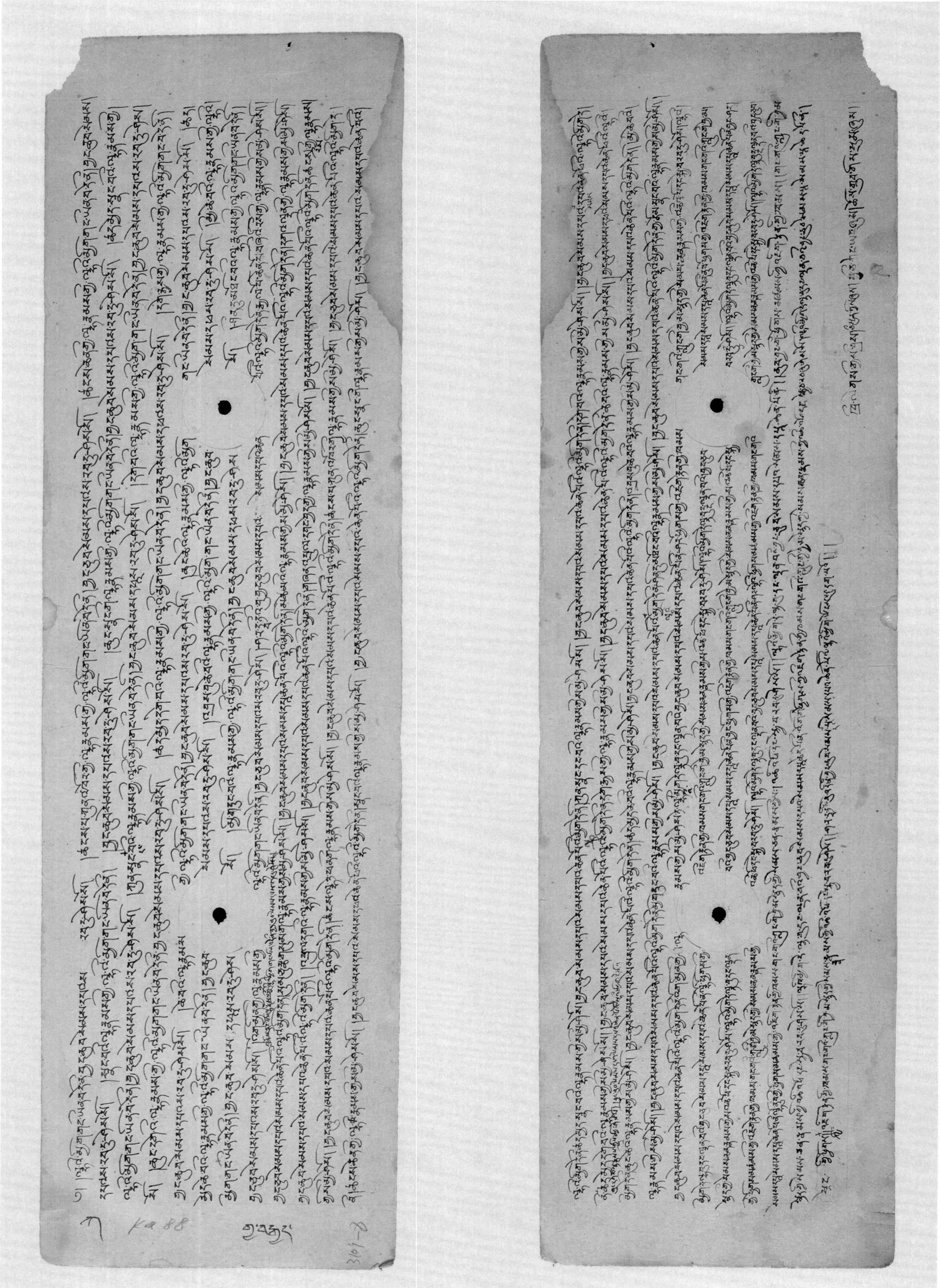

敦博 Db.t.1122 (R-V) ཤེས་རབ་ཀྱི་ཕ་རོལ་ཏུ་ཕྱིན་པ་སྟོང་ཕྲག་བརྒྱ་པ་དུམ་བུ་དང་པོ་བམ་པོ་བཅུ་གཅིག་པོ།།
十萬頌般若波羅蜜多經第一卷第十一品 (8—8)

敦博 Db.t.1123 (R-V)　ཤེས་རབ་ཀྱི་ཕ་རོལ་དུ་ཕྱིན་པ་སྟོང་ཕྲག་བརྒྱལ་པ་དུམ་བུ་དང་བམ་པོ་དགུ་དང་བམ་པོ་བཅུའོ།།

十萬頌般若波羅蜜多經第一卷第九、十品　　(4—1)

敦博 Db.t.1123 (R-V) ཤེས་རབ་ཀྱི་ཕ་རོལ་ཏུ་ཕྱིན་པ་སྟོང་ཕྲག་བརྒྱ་པ་དུམ་བུ་དང་བམ་པོ་དགུ་དང་བམ་པོ་བཅུ་འོ།།

十萬頌般若波羅蜜多經第一卷第九、十品 　 (4—2)

敦博 Db.t.1123 (R-V)　ཤེས་རབ་ཀྱི་ཕ་རོལ་དུ་ཕྱིན་པ་སྟོང་ཕྲག་བརྒྱ་པ་དུམ་བུ་དང་བམ་པོ་དགུ་དང་བམ་པོ་བཅུ་དོ།།

十萬頌般若波羅蜜多經第一卷第九、十品　　(4—3)

敦博 Db.t.1123 (R-V) ཤེས་རབ་ཀྱི་ཕ་རོལ་དུ་ཕྱིན་པ་སྟོང་ཕྲག་བརྒྱ་པ་དུམ་བུ་དང་བམ་པོ་དགུ་དང་བམ་པོ་བཅུ་བོ།།

十萬頌般若波羅蜜多經第一卷第九、十品　　(4—4)

敦博 Db.t.1124 (R-V) ཤེས་རབ་ཀྱི་ཕ་རོལ་དུ་ཕྱིན་པ་སྟོང་ཕྲག་བརྒྱ་པ།
十萬頌般若波羅蜜多經　　(4—1)

敦博 Db.t.1124 (R-V)　ཤེས་རབ་ཀྱི་ཕ་རོལ་ཏུ་ཕྱིན་པ་སྟོང་ཕྲག་བརྒྱ་པ།
十萬頌般若波羅蜜多經　　(4—2)

敦博 Db.t.1124 (R-V)　ཤེས་རབ་ཀྱི་ཕ་རོལ་དུ་ཕྱིན་པ་སྟོང་ཕྲག་བརྒྱ་པ།
十萬頌般若波羅蜜多經　　(4—3)

315

敦博 Db.t.1125 (R-V) ཤེས་རབ་ཀྱི་ཕ་རོལ་ཏུ་ཕྱིན་པ་སྟོང་ཕྲག་བརྒྱ་པ་དུམ་བུ་དང་པོ་བམ་པོ་བཅུ་གཉིས་སོ།།

十萬頌般若波羅蜜多經第一卷第十二品　　(9—1)

敦博 Db.t.1125 (R-V)　ཤེས་རབ་ཀྱི་ཕ་རོལ་དུ་ཕྱིན་པ་སྟོང་ཕྲག་བརྒྱ་པ་དུམ་བུ་དང་པོ་བམ་པོ་བཅུ་གཉིས་སོ།།

十萬頌般若波羅蜜多經第一卷第十二品　　(9—2)

318

敦博 Db.t.1125 (R-V)　ཤེས་རབ་ཀྱི་ཕ་རོལ་ཏུ་ཕྱིན་པ་སྟོང་ཕྲག་བརྒྱ་བ་དུམ་བུ་དང་པོ་བམ་པོ་བཅུ་གཉིས་སོ།།

十萬頌般若波羅蜜多經第一卷第十二品　　(9—3)

319

敦博 Db.t.1125 (R-V)　ཤེས་རབ་ཀྱི་ཕ་རོལ་དུ་ཕྱིན་པ་སྟོང་ཕྲག་བརྒྱ་པ་དུམ་བུ་དང་པོ་བམ་པོ་བཅུ་གཉིས་སོ།།

十萬頌般若波羅蜜多經第一卷第十二品　　(9—4)

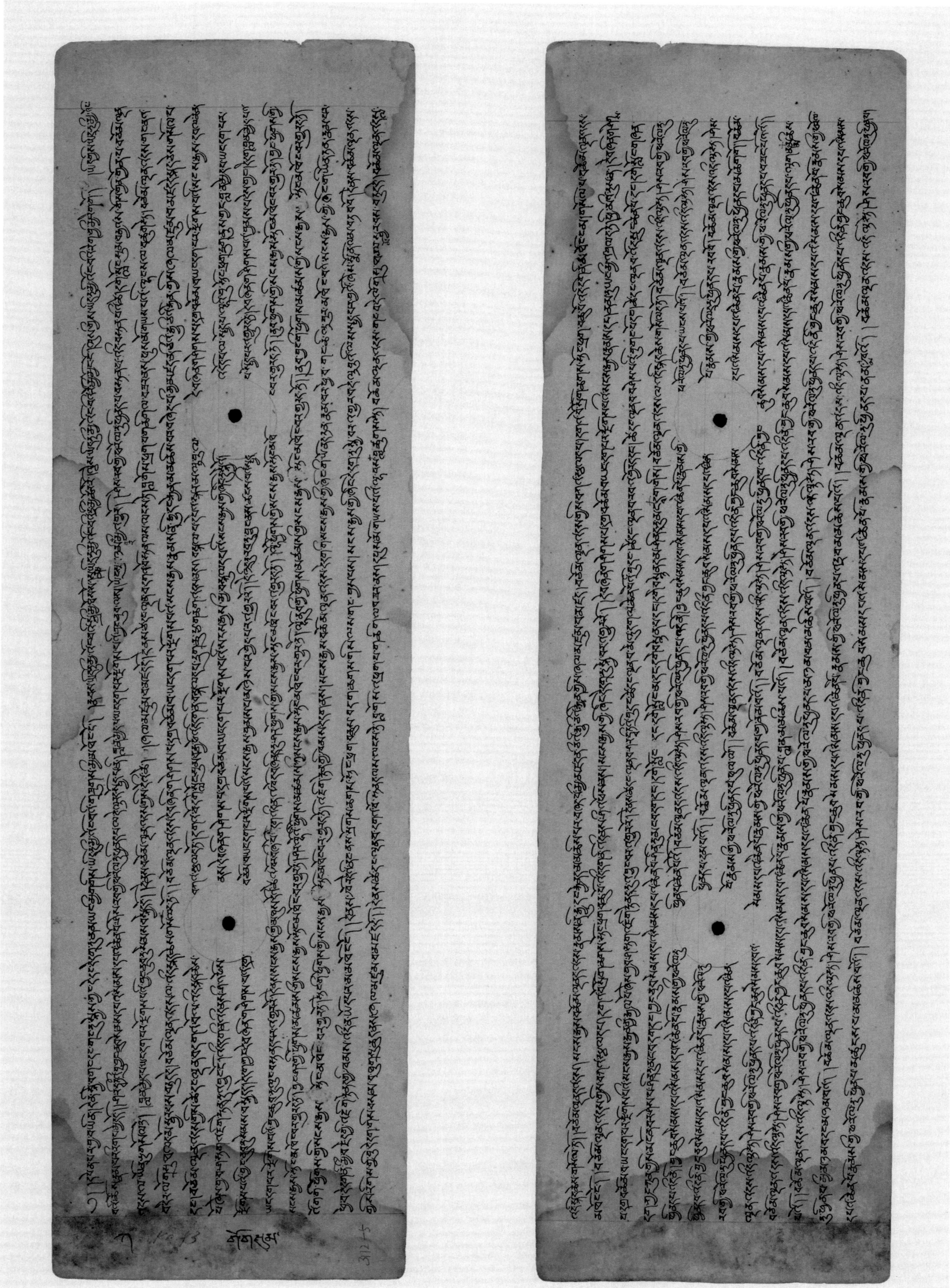

敦博 Db.t.1125 (R-V) ཤེས་རབ་ཀྱི་ཕ་རོལ་ཏུ་ཕྱིན་པ་སྟོང་ཕྲག་བརྒྱ་པ་དུམ་བུ་དང་པོ་བམ་པོ་བཅུ་གཉིས་སོ།།
十萬頌般若波羅蜜多經第一卷第十二品 (9—5)

敦博 Db.t.1125 (R-V)　ཤེས་རབ་ཀྱི་ཕ་རོལ་དུ་ཕྱིན་པ་སྟོང་ཕྲག་བརྒྱའ་པ་དུམ་བུ་དང་པོ་བམ་པོ་བཅུ་གཉིས་སོ།།

十萬頌般若波羅蜜多經第一卷第十二品　　(9—6)

敦博 Db.t.1125 (R-V)　ཤེས་རབ་ཀྱི་ཕ་རོལ་ཏུ་ཕྱིན་པ་སྟོང་ཕྲག་བརྒྱ་པ་དུམ་བུ་དང་པོ་བམ་པོ་བཅུ་གཉིས་སོ།།

十萬頌般若波羅蜜多經第一卷第十二品　　(9—7)

敦博 Db.t.1125 (R-V)　ཤེས་རབ་ཀྱི་ཕ་རོལ་ཏུ་ཕྱིན་པ་སྟོང་ཕྲག་བརྒྱ་པ་དུམ་བུ་དང་པོ་བམ་པོ་བཅུ་གཉིས་སོ།།

十萬頌般若波羅蜜多經第一卷第十二品　　　(9—8)

敦博 Db.t.1125 (R-V)　ཤེས་རབ་ཀྱི་ཕ་རོལ་དུ་ཕྱིན་པ་སྟོང་ཕྲག་བརྒྱ་པ་དུམ་བུ་དང་པོ་བམ་པོ་བཅུ་གཉིས་སོ།།

十萬頌般若波羅蜜多經第一卷第十二品　　(9—9)

敦博 Db.t.1126 (R-V)　ཤེས་རབ་ཀྱི་ཕ་རོལ་ཏུ་ཕྱིན་པ་སྟོང་ཕྲག་བརྒྱ་པ་དུམ་བུ་དང་པོ་བམ་པོ་བཅུ་གསུམ་མོ།།

十萬頌般若波羅蜜多經第一卷第十三品　　(7—1)

敦博 Db.t.1126 (R-V) ཤེས་རབ་ཀྱི་ཕ་རོལ་ཏུ་ཕྱིན་པ་སྟོང་ཕྲག་བརྒྱ་པ་དུམ་བུ་དང་པོ་བམ་པོ་བཅུ་གསུམ་མོ།།
十萬頌般若波羅蜜多經第一卷第十三品 　　(7—2)

敦博 Db.t.1126 (R-V) ཤེས་རབ་ཀྱི་ཕ་རོལ་ཏུ་ཕྱིན་པ་སྟོང་ཕྲག་བརྒྱ་པ་དུམ་བུ་དང་པོ་བམ་པོ་བཅུ་གསུམ་མོ།།

十萬頌般若波羅蜜多經第一卷第十三品　　(7—4)

敦博 Db.t.1126 (R-V)　ཤེས་རབ་ཀྱི་ཕ་རོལ་ཏུ་ཕྱིན་པ་སྟོང་ཕྲག་བརྒྱ་པ་དུམ་བུ་དང་པོ་བམ་པོ་བཅུ་གསུམ་མོ།།

十萬頌般若波羅蜜多經第一卷第十三品　　(7—5)

敦博 Db.t.1126 (R-V) ཤེས་རབ་ཀྱི་ཕ་རོལ་དུ་ཕྱིན་པ་སྟོང་ཕྲག་བརྒྱ་པ་དུམ་བུ་དང་པོ་བམ་པོ་བཅུ་གསུམ་མོ།།
十萬頌般若波羅蜜多經第一卷第十三品　　(7—6)

331

敦博 Db.t.1126 (R-V)　ཤེས་རབ་ཀྱི་ཕ་རོལ་དུ་ཕྱིན་པ་སྟོང་ཕྲག་བཅུའ་པ་དུམ་བུ་དང་པོ་བམ་པོ་བཅུ་གསུམ་མོ།།
十萬頌般若波羅蜜多經第一卷第十三品　　(7—7)

敦博 Db.t.1127 (R-V)　ཤེས་རབ་ཀྱི་ཕ་རོལ་ཏུ་ཕྱིན་པ་སྟོང་ཕྲག་བརྒྱ་པ་དུམ་བུ་དང་པོ་བམ་པོ་བཅུ་བཞི་འོ།།
十萬頌般若波羅蜜多經第一卷第十四品　　(7—1)

敦博 Db.t.1127 (R-V)    ཤེས་རབ་ཀྱི་ཕ་རོལ་ཏུ་ཕྱིན་པ་སྟོང་ཕྲག་བརྒྱ་པ་དུམ་བུ་དང་པོ་བམ་པོ་བཅུ་བཞིའོ།།
十萬頌般若波羅蜜多經第一卷第十四品    (7—2)

334

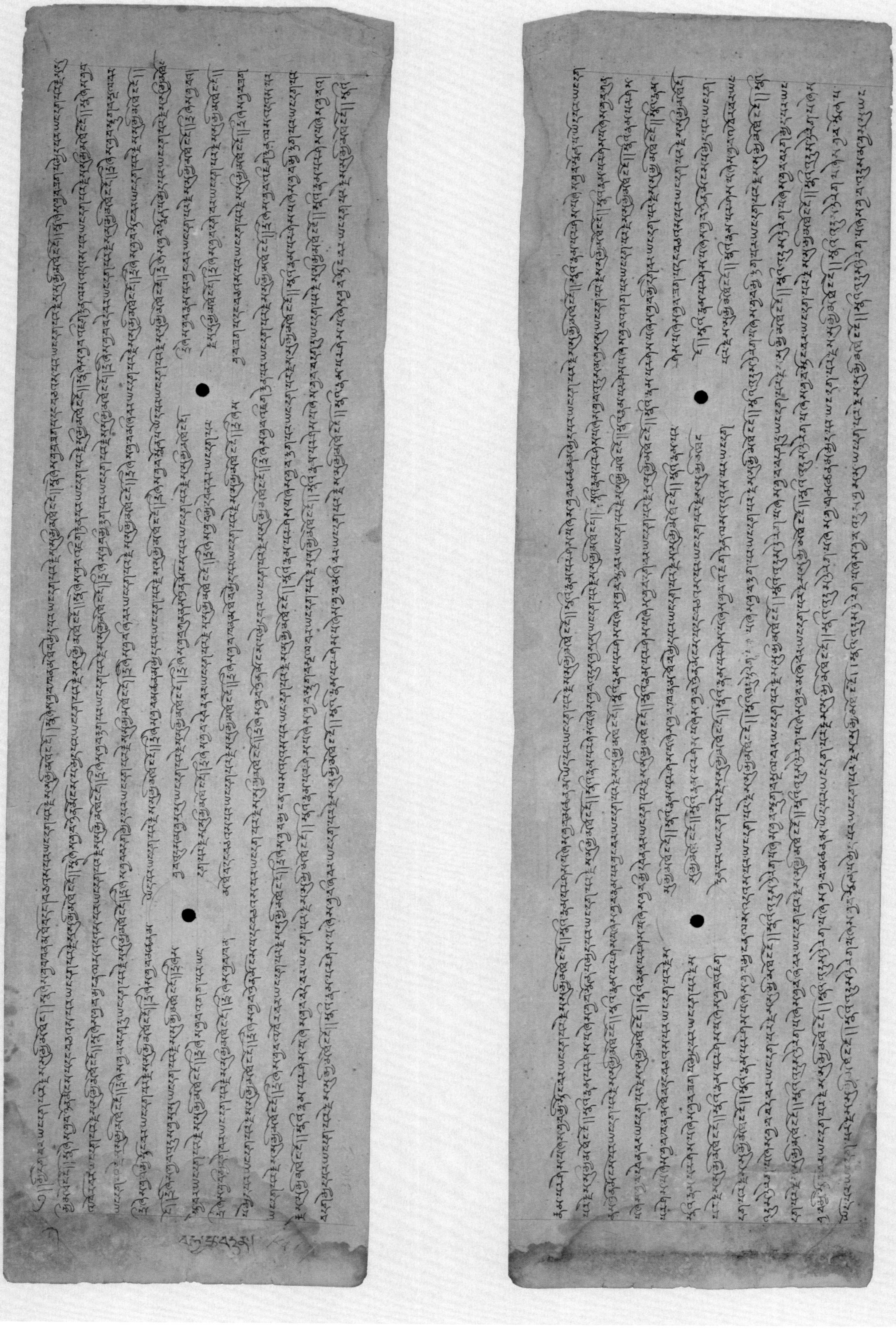

敦博 Db.t.1127 (R-V) ཤེས་རབ་ཀྱི་ཕ་རོལ་ཏུ་ཕྱིན་པ་སྟོང་ཕྲག་བརྒྱ་པ་དུམ་བུ་དང་པོ་བམ་པོ་བཅུ་བཞི་པོ།།
十萬頌般若波羅蜜多經第一卷第十四品 (7—3)

敦博 Db.t.1127 (R-V) ཤེས་རབ་ཀྱི་ཕ་རོལ་དུ་ཕྱིན་པ་སྟོང་ཕྲག་བརྒྱ་པ་དུམ་བུ་དང་པོ་བམ་པོ་བཅུ་བཞི་པོ།།

十萬頌般若波羅蜜多經第一卷第十四品　　（7—4）

336

敦博 Db.t.1127 (R-V)　ཤེས་རབ་ཀྱི་ཕ་རོལ་དུ་ཕྱིན་པ་སྟོང་ཕྲག་བརྒྱ་པ་དུམ་བུ་དང་པོ་བམ་པོ་བཅུ་བཞི་འོ།།

十萬頌般若波羅蜜多經第一卷第十四品　　(7—5)

敦博 Db.t.1127 (R-V) ཤེས་རབ་ཀྱི་ཕ་རོལ་དུ་ཕྱིན་པ་སྟོང་ཕྲག་བརྒྱ་པ་དུམ་བུ་དང་པོ་བམ་པོ་བཅུ་བཞི་པོ།།

十萬頌般若波羅蜜多經第一卷第十四品　　（7—6）

敦博 Db.t.1127 (R-V)　ཤེས་རབ་ཀྱི་ཕ་རོལ་ཏུ་ཕྱིན་པ་སྟོང་ཕྲག་བརྒྱ་པ་དུམ་བུ་དང་པོ་བམ་པོ་བཅུ་བཞི་པོ།།

十萬頌般若波羅蜜多經第一卷第十四品　　(7—7)

敦博 Db.t.1128 (R-V)　ཤེས་རབ་ཀྱི་ཕ་རོལ་དུ་ཕྱིན་པ་སྟོང་ཕྲག་བརྒྱད་པ་དུམ་བུ་དང་པོ་བམ་པོ་བཅོ་ལྔའོ།།

十萬頌般若波羅蜜多經第一卷第十五品　　(7—1)

340

敦博 Db.t.1128 (R-V)　ཤེས་རབ་ཀྱི་ཕ་རོལ་ཏུ་ཕྱིན་པ་སྟོང་ཕྲག་བརྒྱ་པ་དུམ་བུ་དང་པོ་བམ་པོ་བཅོ་ལྔའོ།།
十萬頌般若波羅蜜多經第一卷第十五品　　(7—2)

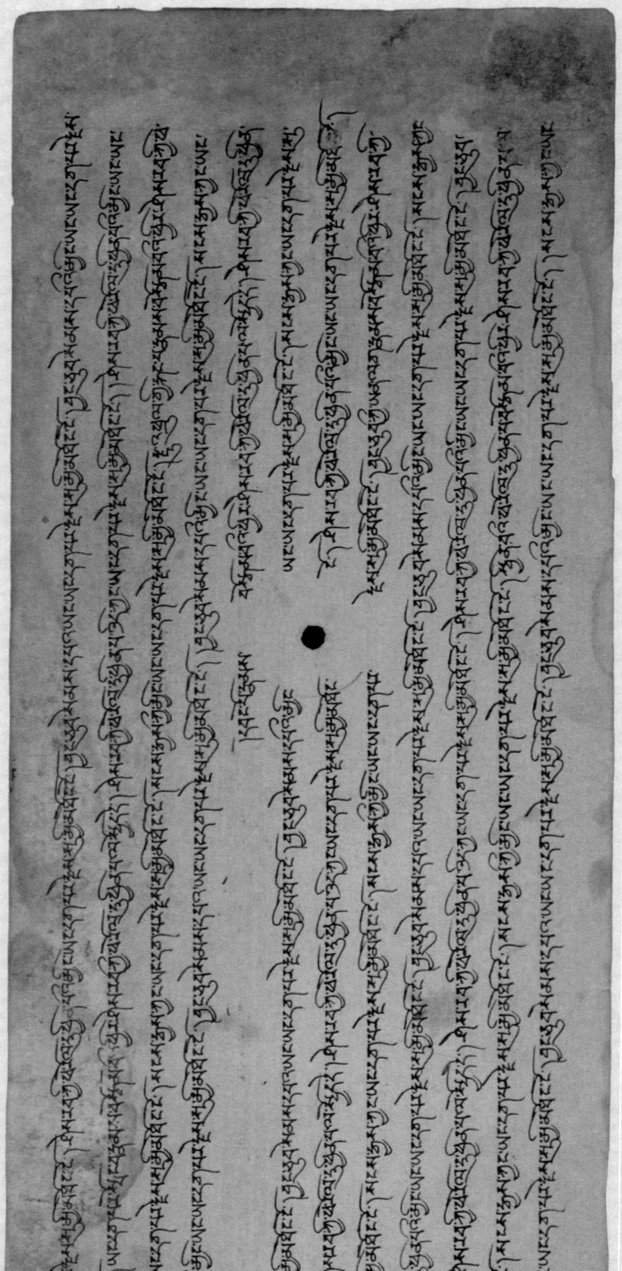

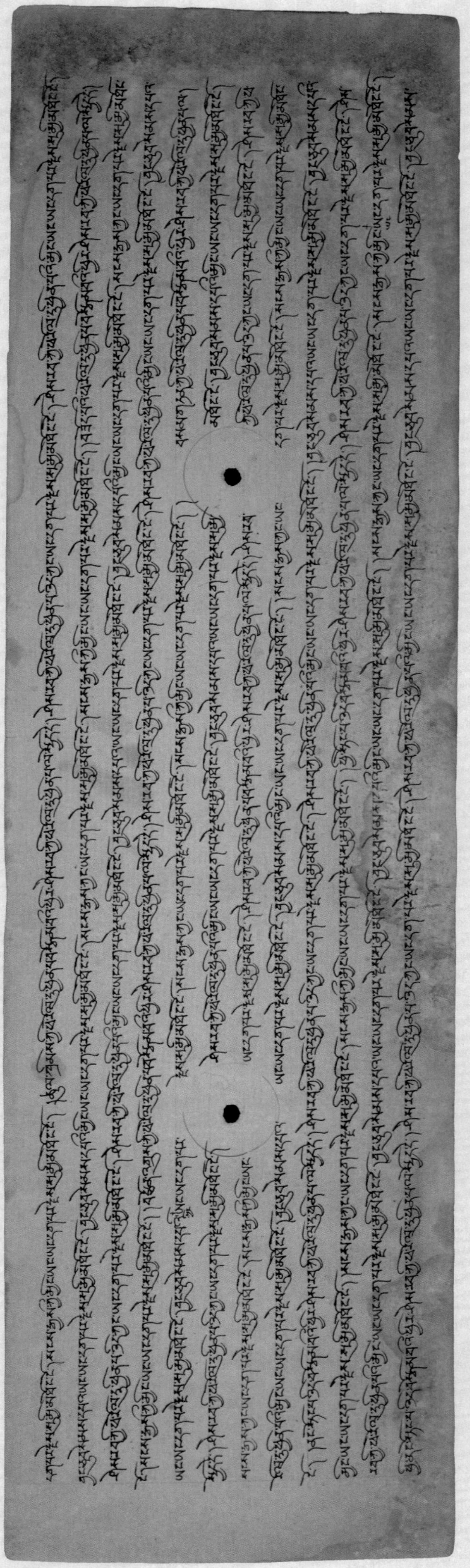

敦博 Db.t.1128 (R-V) ཤེས་རབ་ཀྱི་ཕ་རོལ་ཏུ་ཕྱིན་པ་སྟོང་ཕྲག་བརྒྱ་པ་དུམ་བུ་དང་པོ་བམ་པོ་བཅོ་ལྔའོ།།
十萬頌般若波羅蜜多經第一卷第十五品 (7—3)

敦博 Db.t.1128 (R-V)　ཤེས་རབ་ཀྱི་ཕ་རོལ་ཏུ་ཕྱིན་པ་སྟོང་ཕྲག་བརྒྱ་པ་དུམ་བུ་དང་པོ་བམ་པོ་བཅོ་ལྔའོ།།

十萬頌般若波羅蜜多經第一卷第十五品　　(7—4)

敦博 Db.t.1128 (R-V)　ཤེས་རབ་ཀྱི་ཕ་རོལ་དུ་ཕྱིན་པ་སྟོང་ཕྲག་བརྒྱ་པ་དུམ་བུ་དང་པོ་བམ་པོ་བཅོ་ལྔའོ།།

十萬頌般若波羅蜜多經第一卷第十五品　　(7—5)

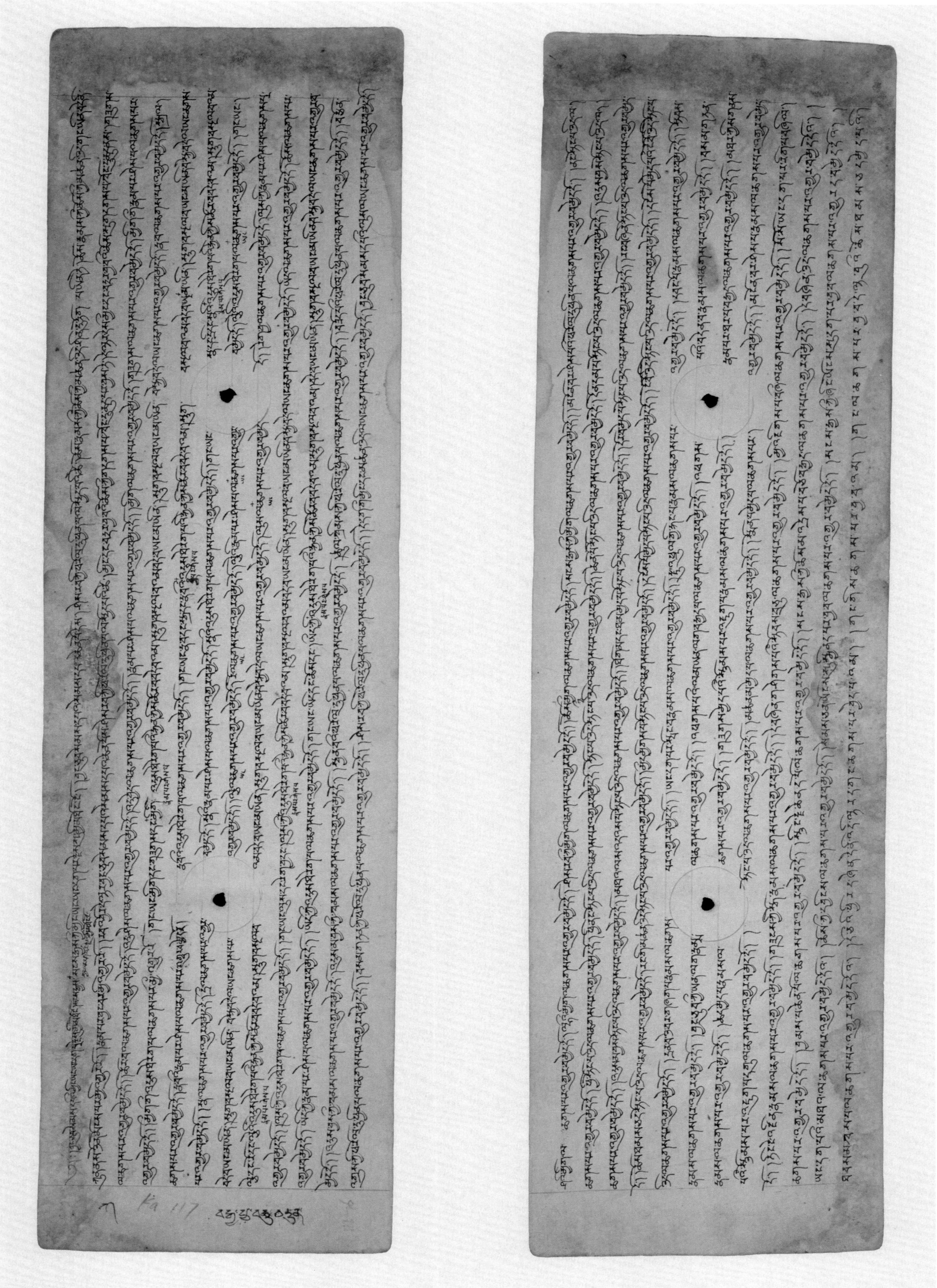

敦博 Db.t.1128 (R-V) ཤེས་རབ་ཀྱི་ཕ་རོལ་ཏུ་ཕྱིན་པ་སྟོང་ཕྲག་བརྒྱ་པ་དུམ་བུ་དང་པོ་བམ་པོ་བཅོ་ལྔའོ།།

十萬頌般若波羅蜜多經第一卷第十五品 (7—6)

敦博 Db.t.1128 (R-V)　ཤེས་རབ་ཀྱི་ཕ་རོལ་དུ་ཕྱིན་པ་སྟོང་ཕྲག་བརྒྱ་པ་དུམ་བུ་དང་པོ་བམ་པོ་བཅོ་ལྔའོ།།

十萬頌般若波羅蜜多經第一卷第十五品　　(7—7)

346

敦博 Db.t.1129 (R-V)　ཤེས་རབ་ཀྱི་ཕ་རོལ་དུ་ཕྱིན་པ་སྟོང་ཕྲག་བརྒྱ་པ་དུམ་བུ་དང་པོ་བམ་པོ་བཅུ་དྲུག་གོ།།

十萬頌般若波羅蜜多經第一卷第十六品　　(8—1)

敦博 Db.t.1129 (R-V) ཤེས་རབ་ཀྱི་ཕ་རོལ་དུ་ཕྱིན་པ་སྟོང་ཕྲག་བརྒྱ་པ་དུམ་བུ་དང་པོ་བམ་པོ་བཅུ་དྲུག་གོ །།
十萬頌般若波羅蜜多經第一卷第十六品 (8—2)

敦博 Db.t.1129 (R-V)　ཤེས་རབ་ཀྱི་ཕ་རོལ་དུ་ཕྱིན་པ་སྟོང་ཕྲག་བརྒྱ་པ་དུམ་བུ་དང་པོ་བམ་པོ་བཅུ་དྲུག་གོ།།

十萬頌般若波羅蜜多經第一卷第十六品　　(8—3)

敦博 Db.t.1129 (R-V) ཤེས་རབ་ཀྱི་ཕ་རོལ་དུ་ཕྱིན་པ་སྟོང་ཕྲག་བརྒྱ་པ་དུམ་བུ་དང་པོ་བམ་པོ་བཅུ་དྲུག་གོ།།

十萬頌般若波羅蜜多經第一卷第十六品　　(8—4)

敦博 Db.t.1129 (R-V)　ཤེས་རབ་ཀྱི་ཕ་རོལ་དུ་ཕྱིན་པ་སྟོང་ཕྲག་བརྒྱ་པ་དུམ་བུ་དང་པོ་བམ་པོ་བཅུ་དྲུག་གོ།།།

十萬頌般若波羅蜜多經第一卷第十六品　　(8—5)

351

敦博 Db.t.1129 (R-V)　ཤེས་རབ་ཀྱི་ཕ་རོལ་དུ་ཕྱིན་པ་སྟོང་ཕྲག་བརྒྱ་པ་དུམ་བུ་དང་པོ་བམ་པོ་བཅུ་དྲུག་གོ།

十萬頌般若波羅蜜多經第一卷第十六品　　(8—6)

敦博 Db.t.1129 (R-V)　ཤེས་རབ་ཀྱི་ཕ་རོལ་ཏུ་ཕྱིན་པ་སྟོང་ཕྲག་བརྒྱ་པ་དུམ་བུ་དང་པོ་བམ་པོ་བཅུ་དྲུག་གོ།།།
十萬頌般若波羅蜜多經第一卷第十六品　　　(8—7)

敦博 Db.t.1129 (R-V) ཤེས་རབ་ཀྱི་ཕ་རོལ་ཏུ་ཕྱིན་པ་སྟོང་ཕྲག་བརྒྱ་པ་དུམ་བུ་དང་པོ་བམ་པོ་བཅུ་དྲུག་གོ།།

十萬頌般若波羅蜜多經第一卷第十六品　　(8—8)

354

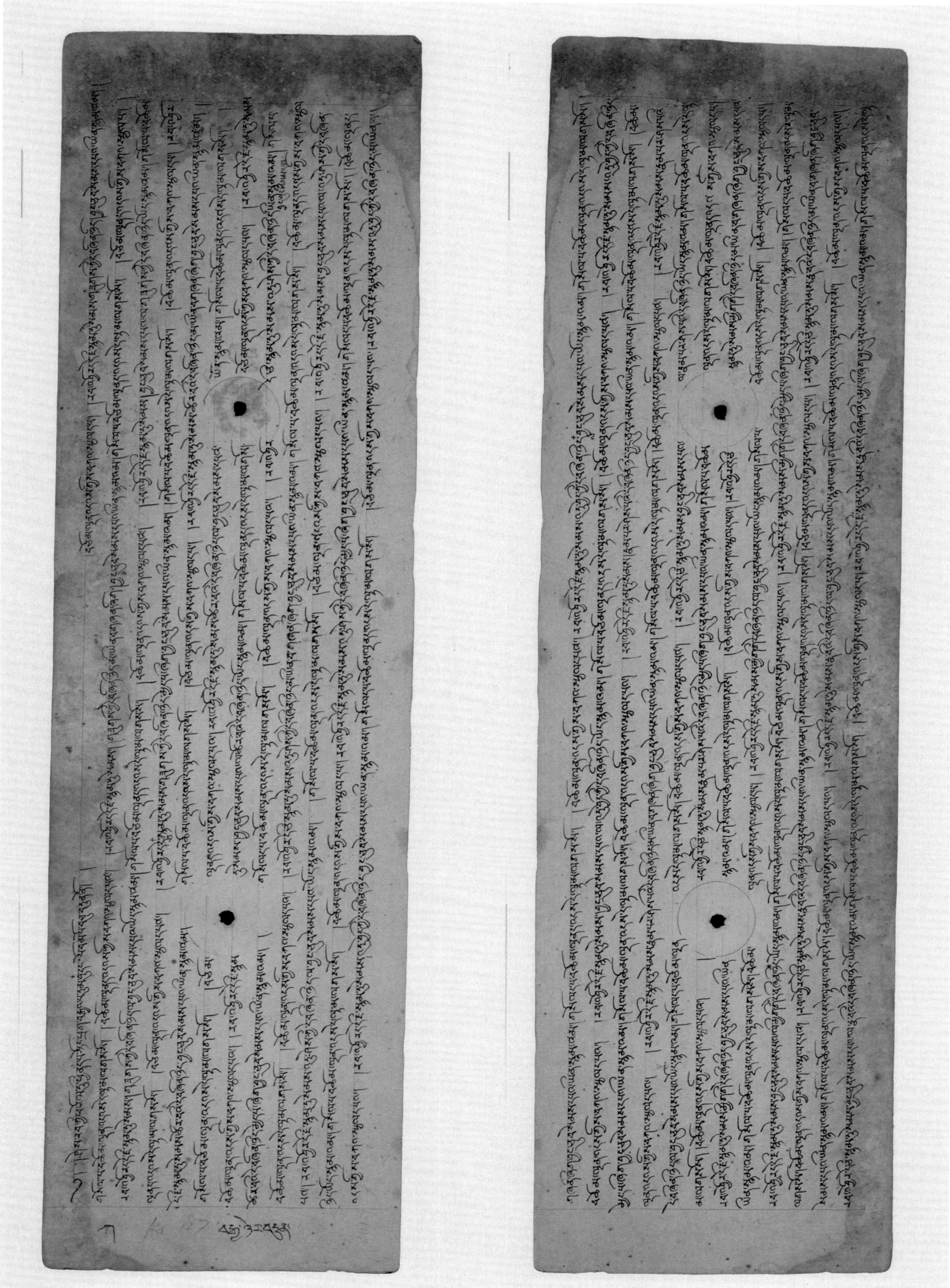

敦博 Db.t.1130 (R-V) ཤེས་རབ་ཀྱི་ཕ་རོལ་ཏུ་ཕྱིན་པ་སྟོང་ཕྲག་བརྒྱ་པ་དུམ་བུ་དང་པོ་བམ་པོ་བཅུ་བདུན་ནོ། ||

十萬頌般若波羅蜜多經第一卷第十七品 (8—1)

敦博 Db.t.1130 (R-V)　ཤེས་རབ་ཀྱི་ཕ་རོལ་ཏུ་ཕྱིན་པ་སྟོང་ཕྲག་བརྒྱལ་པ་དུམ་བུ་དང་པོ་བམ་པོ་བཅུ་བདུན་ནོ།།

十萬頌般若波羅蜜多經第一卷第十七品　　(8—2)

敦博 Db.t.1130 (R-V)    ཤེས་རབ་ཀྱི་ཕ་རོལ་ཏུ་ཕྱིན་པ་སྟོང་ཕྲག་བརྒྱ་པ་དུམ་བུ་དང་པོ་བམ་པོ་བཅུ་བདུན་ནོ།།

十萬頌般若波羅蜜多經第一卷第十七品    (8—3)

敦博 Db.t.1130 (R-V) ཤེས་རབ་ཀྱི་ཕ་རོལ་དུ་ཕྱིན་པ་སྟོང་ཕྲག་བརྒྱལ་པ་དུམ་བུ་དང་པོ་བམ་པོ་བཅུ་བདུན་ནོ།།
十萬頌般若波羅蜜多經第一卷第十七品　　(8—4)

敦博 Db.t.1130 (R-V)　ཤེས་རབ་ཀྱི་ཕ་རོལ་དུ་ཕྱིན་པ་སྟོང་ཕྲག་བརྒྱ་པ་དུམ་བུ་དང་པོ་བམ་པོ་བཅུ་བདུན་ནོ།།

十萬頌般若波羅蜜多經第一卷第十七品　　(8—5)

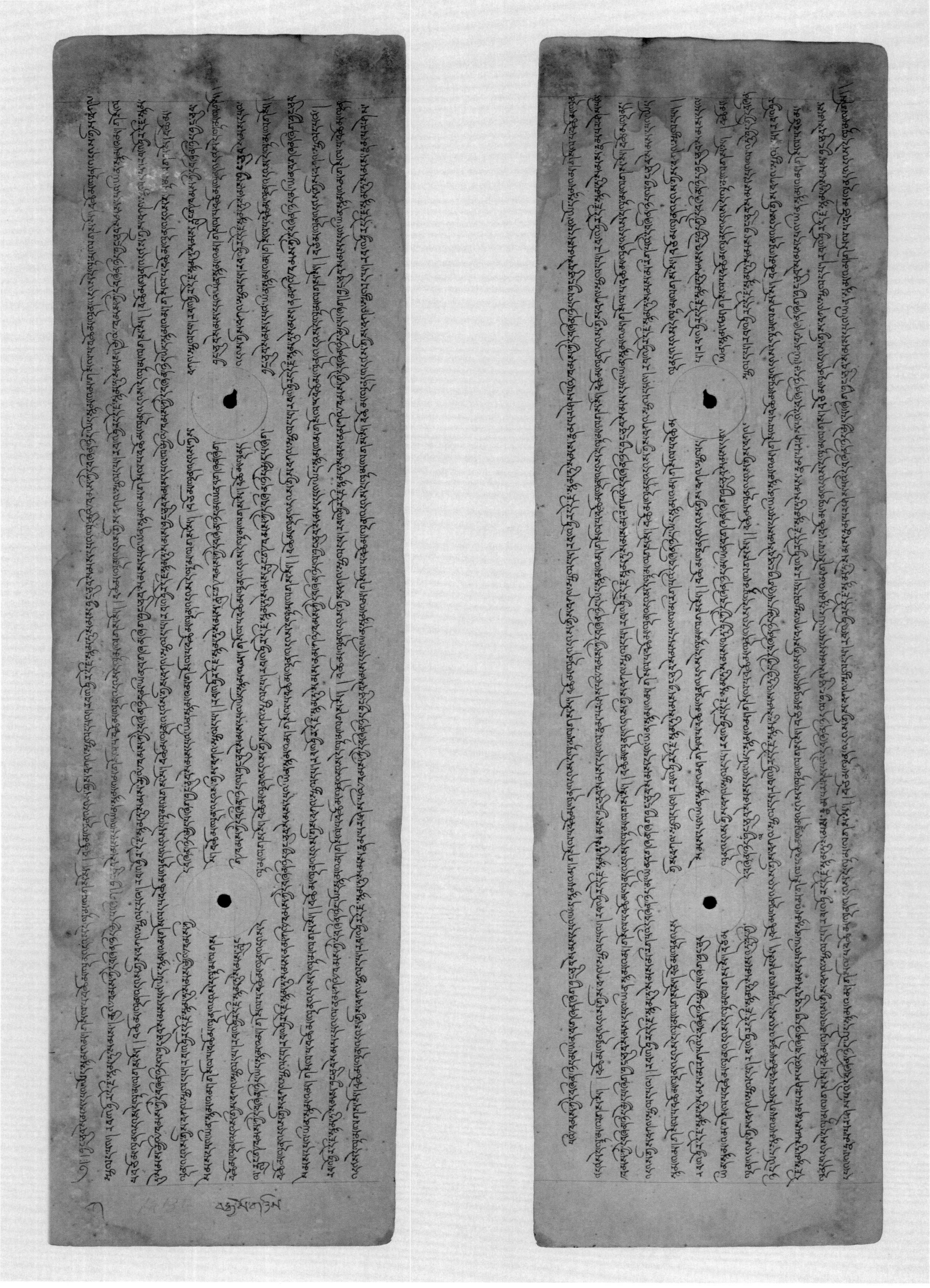

敦博 Db.t.1130 (R-V) ཤེས་རབ་ཀྱི་ཕ་རོལ་ཏུ་ཕྱིན་པ་སྟོང་ཕྲག་བརྒྱ་པ་དུམ་བུ་དང་པོ་བམ་པོ་བཅུ་བདུན་ནོ།།
十萬頌般若波羅蜜多經第一卷第十七品 (8—6)

敦博 Db.t.1130 (R-V)　ཤེས་རབ་ཀྱི་ཕ་རོལ་ཏུ་ཕྱིན་པ་སྟོང་ཕྲག་བརྒྱ་པ་དུམ་བུ་དང་པོ་བམ་པོ་བཅུ་བདུན་ནོ།།

十萬頌般若波羅蜜多經第一卷第十七品　　(8—7)

圖書在版編目（CIP）數據

甘肅藏敦煌藏文文獻：敦煌市博物館卷．6 /
甘肅省文物局，敦煌研究院編纂；馬德、勘措吉主編．
－上海：上海古籍出版社，2018.12（2019.12重印）
ISBN 978-7-5325-9041-4

Ⅰ.①甘… Ⅱ.①甘… ②敦… ③馬… ④勘… Ⅲ.①敦煌學－文獻－藏語
Ⅳ.①K870.6

中國版本圖書館 CIP 數據核字（2018）第 262756 號

本書爲
“十三五”國家重點圖書出版規劃項目
國家出版基金資助項目

甘肅藏敦煌藏文文獻 ⑥

**主 編**

馬 德 勘措吉

**編 纂**

甘肅省文物局 敦煌研究院

**出版發行**

上海古籍出版社

上海市瑞金二路 272 號

郵編 200020 傳真（86－21）64339287

網址： www.guji.com.cn

電子郵件： guji1@guji.com.cn

易文網： www.ewen.co

**印 刷**

上海世紀嘉晉數字信息技術有限公司

開本：787×1092 1/8 印張：50 插頁：4
版次：2018 年 12 月第 1 版 印次：2019 年 12 月第 2 次印刷
ISBN 978-7-5325-9041-4/K.2579
定價：2800.00圓

ཏུན་ཧོང་མའོ་གའོ་བྲག་ཕུག་གི་བྱང་ཁུལ་བྲག་ཕུག

敦煌莫高窟北區石窟

བྱམས་པ་འབུམ་གླིང་དུ་བཞུགས་པའི་ཐང་རྒྱལ་རབས་དུས་ཀྱི་རྒྱལ་བ་བྱམས་པ།

永靖炳靈寺唐代彌勒大佛

ཇོ་མོ་གླང་མ།

珠穆朗玛峰